PARIS

HENRY MICHEL

PARIS
LIBRAIRIE HACHETTE ET Cie
79, BOULEVARD SAINT-GERMAIN, 79

DISCOURS

DE M. LE PASTEUR J. E. ROBERTY

PRONONCÉ AUX OBSÈQUES

MESSIEURS ET FRÈRES,

Nous sommes donc réunis autour de cette tombe pour rendre nos derniers devoirs à notre frère, M. Henry Michel que Dieu a rappelé à Lui. — Ainsi passe la vie, ainsi sommes-nous obligés de nous séparer de ceux que nous aimons le plus. Ainsi s'accomplit chaque jour, pour quelqu'un d'entre nous, l'antique parole que la Sagesse hébraïque prête à l'Éternel : « Tu es poussière, et tu retourneras à la poussière. Il est ordonné à tous les hommes de mourir. » Cette sentence est sans appel, sans ajournement. Son exécution plus ou moins rapide paraît toujours subite et imprévue, et l'expérience de l'humanité proclame chaque jour, avec une saisissante évidence, la profonde vérité de ces déclarations de l'Ecriture : « Toute chair est comme l'herbe; et toute la gloire de l'homme est comme la

1.

fleur de l'herbe ; elle fleurit le matin, et le soir, elle est fanée »... « Que personne ne se glorifie de rien, sinon de me connaître », dit l'Éternel. Que personne ne se glorifie de sa force, ni de son intelligence, ni de ses grands biens, ni de quoi que ce soit au monde, sinon de connaître et de servir Celui qui subsiste éternellement et qui veut être pour tous la délivrance et la vie.

Telles sont les premières paroles que doit inspirer aux croyants le spectacle de la mort. Les cœurs se brisent, les larmes coulent, mais l'austérité du devoir demeure toute : oui, connaître et servir Dieu, quels que soient les autres noms que les hommes lui donnent, Idéal, Justice, Amour, Vérité, le connaître et le servir en s'enrichissant soi-même des expériences faites par les plus grandes consciences qui ont éclairé l'histoire, sans que ces expériences puissent nous dispenser jamais de l'effort individuel, jamais attenter à la liberté de la pensée, jamais nous donner le droit de nous endormir sur le terrain conquis par les devanciers..., oui, connaître et servir Dieu de cette manière, voilà le devoir et la sublime mission de l'homme sur la terre.

Mais comment rappeler ici ces graves pensées sans les appliquer à celui que vous pleurez et dont l'invisible présence, en dépit de la mort, s'atteste en ce moment avec une telle force à vous tous qui l'avez aimé. Si je parle sur sa tombe, si je vous demande à tous, par fidélité à son souvenir, d'élever votre esprit « au-dessus des choses visibles qui ne vont que pour un temps vers les invisibles qui sont éternelles, » c'est qu'il a lui-même exprimé ce vœu. Il ne se rattachait à aucune confession religieuse particulière ; il ne donnait pas à la présence d'un ministre du Christ je ne sais quelle étroite signification d'Église, mais, comme il l'a écrit lui-même quelques jours avant sa mort... « Mes convictions réfléchies se sont arrêtées à un libre christianisme informulé, sans Église, chacun étant à soi-même son église tout entière. J'ai plusieurs fois écrit cela. La présence du pasteur attestera aussi mon horreur pour le matérialisme dit scientifique, horreur que j'ai également exprimée à plusieurs reprises. »

Il n'a pas voulu non plus de discours, de sorte que vous, Messieurs, les plus intimes confidents de sa pensée, et qui seuls auriez pu dire de lui et de son œuvre ce qui convient, vous vous êtes inclinés devant sa suprême volonté.

Et encore moins m'appartient-il, à moi, d'essayer de retracer sa carrière de publiciste, de professeur, de philosophe, d'analyser ses ouvrages, d'indiquer la place éminente qu'il occupait dans la pensée française, le vide qu'il laisse parmi les étudiants et dans ce groupe de jeunes professeurs dont il était le conseiller si profondément aimé.

Cependant je voudrais parler de lui — non pas pour l'exalter — nous ne sommes pas ici devant le monde, mais devant Dieu, et nous tous, les meilleurs comme les pires, les célèbres et les obscurs, nous n'avons d'espérance qu'en sa miséricorde qui dure éternellement — mais je tiendrais à tracer, même d'une main inhabile, quelques traits indiquant l'orientation de son esprit et de son cœur.

Deux hommes ont exercé sur lui une influence profonde : Renouvier et Auguste Sabatier, mais, avant tout, Renouvier. Celui-ci, dont il fut le disciple fidèle, lui avait communiqué son horreur de l'équivoque. sa fermeté morale, son respect de la personne, sa critique radicale de la connaissance qui le rendait si justement exigeant dans l'ordre scientifique, et qui interdisait en même temps à la science de statuer ailleurs que dans le monde phénoménal, laissant alors l'âme humaine s'envoler librement dans la sphère incontrôlable de la Réalité.

D'Auguste Sabatier, il avait sans doute appris à connaître ce « christianisme informulé », l'Évangile de l'Esprit, indépendant des croyances intellectuelles et des autorités dogmatiques, la force divine qui encourage, pénètre et attendrit les âmes, et du même coup, y insère un principe inflexible, un Dieu intérieur qui lui permet de résister à tout, et qui transforme à certaines heures, la pauvre individualité humaine en une lumière qui éclaire tout un monde, et projette ses rayons jusque dans la mort.

Dans toute son œuvre écrite comme dans son caractère, on retrouve ce double mouvement de sa pensée : l'esprit critique le plus aiguisé, ne reculant devant aucune audace, joint aux affirmations d'une foi morale admirablement solide, et d'une conscience naturellement religieuse. Jamais il ne consentit à sacrifier une tendance à l'autre, pas plus qu'il ne sacrifiait, dans ses idées sociales, l'individu à l'État, mais unissait les droits de la collectivité et de l'individu dans un solidarisme où l'affranchissement de chacun devient le but suprême de la loi.

Et c'est la complexité harmonieuse de sa nature, c'est la richesse des dons spirituels que Dieu lui avait faits, augmentée par un labeur opiniâtre et qu'aucune démarche ne rebutait, qui explique la variété, la persistance des amitiés qui l'entourèrent durant sa vie terrestre. Ah ! messieurs, quel ami vous perdez et combien tout ce que je pourrais dire est pâle et incomplet ! Dans tous les groupes religieux ou philosophiques, pourvu que la conscience fût droite et le cœur fidèle, il y avait une âme à laquelle la sienne était liée. Les esprits de formation la plus diverse trouvaient dans son libre esprit un asile. Une des fleurs les plus rares de l'amitié embaumait toute son âme, je veux dire qu'il ne s'aimait pas lui-même en ses amis, parce que ceux-ci lui ressemblaient, mais il aimait en eux précisément ce qui n'était pas lui, l'élément particulier qui constituait leur personnalité ; et cela, sans que jamais l'amitié lui fît atténuer l'expression de ses convictions personnelles, jetât comme un voile sur les divergences intellectuelles, sous prétexte de bonne entente. Sa tolérance n'était pas faite de scepticisme mais de respect pour cette chose toujours sacrée qui s'appelle une individualité humaine, de sorte que l'amitié qu'il donnait ainsi reposait sur le fond le plus intime et le plus inébranlable de son caractère. Aussi que de souvenirs impérissables il vous laisse ; quels liens que ceux qu'il a formés avec vous ! Continuez à le chérir, à vous sentir unis en lui qui est maintenant vivant à jamais.

Et vous, la compagne de sa vie, vous ses enfants et sa nombreuse parenté, vous que le deuil enveloppe et dont le cœur est déchiré, qui aviez mis en lui votre bonheur et votre juste fierté, nous vous entourons comme les amis de Job, nous nous penchons vers vous pleins de respect et de douleur, mais aussi d'espérance.

Il y a de la foi, sachez-le, dans un profond amour. Suivez l'instinct du cœur, sa ligne infaillible et sûre. « Désespérer c'est avoir vu son étoile se lever, mais au delà du voile, elle brille. » La révolte devant la mort est le signe que Dieu est en nous, que la mort ne nous prend pas tout entier. Nous ne sommes pas l'esclave du mécanisme universel ; le Dieu qui est en nous se révolte et nous dit d'espérer. Pleurez, mais espérez. Ayez cette hardiesse ; de tous les courages, c'est le plus beau. Faites crédit à Celui dont les pensées sont aussi élevées au-dessus de nos pensées que les plus pâles étoiles au-dessus du niveau des mers. Son jour viendra, le jour des victoires définitives de la justice et de l'amour, où les morts aimés nous seront rendus, « où il n'y aura plus de larmes, plus de souffrances, parce que le mal aura disparu ».

Oui, au nom de l'espérance indéracinable de l'humanité, au nom du Christ qui a jeté dans mon cœur sa certitude et sa foi, proclamons qu'il y a une fin à la lutte contre l'égoïsme : c'est la réalisation, déjà sur la terre, d'une justice toujours plus exigeante. Il y a une fin à nos soucis et à nos angoisses, c'est l'éternelle joie dans la paix éternelle. Il y a une fin à nos courses errantes, à nos vies isolées et sans foyer, c'est un asile indestructible dans le cœur de Dieu. Il y a une fin au dépérissement et à la mort, c'est l'immortelle croissance de l'âme, c'est la vie éternelle qui vient directement du Père et qui unit indissolublement nos pauvres existences blessées et misérables à la Vie sans borne, sans tache, sans ombre, sans commencement et sans fin !

HENRY MICHEL

Devant la tombe ouverte, sous le coup brutal de la mort qui vient de frapper, il ne saurait être question de dire aujourd'hui comme il convient ce que fut Henry Michel. Ses amis et ses disciples étudieront son enseignement et son œuvre. Mais il a tenu une trop grande place dans ce journal, et ce journal aussi a tenu trop de place dans sa vie, pour que le premier adieu ne lui soit pas adressé d'ici-même. Le directeur du *Temps* a bien voulu me demander de le faire, sachant que j'ai été l'ami de sa jeunesse, son camarade à l'École normale, son compagnon des bons et des mauvais jours, enfin son collègue à la Sorbonne. J'essaierai donc, si abattu que je sois, de dire en quelques mots aux lecteurs du *Temps* ce qu'était l'ami fidèle qu'ils ont perdu.

Par une fortune singulière, ils ont pu connaître, dans le journal même, plusieurs aspects de son talent souple et varié. A vingt-cinq ans, il y débute par la rédaction politique, et tout de suite il y fait apprécier, sous la précision élégante du style, la sûreté de son jugement. La transformation du normalien en journaliste s'opère vite, et de la façon la plus heureuse : sans rien perdre de ses qualités premières, il en acquiert de nouvelles, nécessaires au métier qu'il a choisi, et où il est bientôt passé maître.

Tout en traitant chaque jour les questions de politique générale, il s'intéresse particulièrement aux problèmes universitaires. Il pressent dès lors ce qu'il y a d'inévitable et d'avantageux dans les réformes qui vont renouveler l'enseignement secondaire. Il ne veut rien sacrifier de ce que la culture traditionnelle apporte à l'esprit français. Mais il sait que le monde marche, et qu'à des besoins nouveaux un enseignement nouveau doit s'adapter. Il le sait, et il le dit en excellents termes, en homme qui a le culte du passé, mais qui n'en a nullement la superstition. Quelque temps après, il recueille le redoutable héritage d'Edmond Scherer, je veux dire la tâche périlleuse, et quelquefois ingrate, de rendre compte aux lecteurs du *Temps* des séances solennelles de l'Académie française et des discours qui y sont prononcés. Sans parti pris de sévérité ni d'indulgence, pénétré de son devoir et de ses droits de critique, indifférent à tout le reste, il dit à chacun et de chacun juste ce qu'il pense, et comme il le pense, avec une franchise délicate sans doute, mais impitoyable. Sous les conventions du style académique, et surtout dans les œuvres des orateurs du jour, il cherche les idées vivantes où la discussion peut se prendre ; et, quand il en trouve, sa dialectique en fait vite apercevoir la portée ou la faiblesse.

Depuis quelques années enfin, il donnait régulièrement au *Temps*, deux fois par semaine, ces *Menus Propos* dont on peut dire qu'ils sont souvent de petits chefs-d'œuvre. La forme en est originale : elle ne pouvait être créée que par un journaliste qui fût en même temps philosophe, et nourri des classiques. Henry Michel a écrit là un chapitre unique de l'histoire morale de notre époque. Il y notait pour nous, très exactement, le contre-coup des événements de la semaine, grands ou petits, sur une intelligence aiguisée, sur une imagination un peu inquiète, surtout sur une âme tendre. Jamais il n'y montrait sa personne : mais souvent, pour qui savait lire, il y livrait son exquise sensibilité. Il a produit ainsi, presque sans y songer, une œuvre qui le range en bonne place, près des Joubert et des Doudan, dans la lignée des moralistes français qu'il a tant aimés.

Pourtant, ce n'était là pour lui, en quelque sorte, qu'un délassement. La Sorbonne occupait la majeure partie de son temps. La préparation générale de ses cours, la composition de chaque leçon lui coûtaient des soins infinis. Les applaudissements de ses auditeurs ne le contentaient point ; il aurait voulu se satisfaire, et son exigence était sans bornes. Mais ces scrupules lui faisaient goûter davantage la joie d'enseigner. Universitaire dans l'âme, il ne concevait pas de plus haut emploi de sa vie que d'éveiller les esprits à la réflexion, que de guider et de soutenir les étudiants empressés à recueillir sa parole. Personne n'a mis en pratique mieux que lui la maxime sur laquelle toutes les pédagogies sont d'accord : l'enseignement, c'est l'amitié. Nombreux sont les jeunes professeurs que la nouvelle de sa mort va accabler, et qui perdent en lui le maître et le conseiller le plus dévoué.

Entre tous les enseignements de la Sorbonne, le cours d'histoire des doctrines politiques que professait Henry Michel avait sa physionomie originale. Henry Michel n'avait pas seulement appris à connaître la politique dans les bibliothèques. Il n'en avait pas, il n'en donnait pas une idée livresque. Sans doute, il avait lu à peu près tout ce qui peut se lire, touchant les doctrines politiques et sociales en France depuis 1789, et son beau livre sur l'*Idée de l'État* suffirait à en faire foi. Mais il avait vu aussi, de ses yeux, comment se fait la politique ; il l'avait vu en spectateur privilégié, des galeries de la Chambre, et dans les bureaux d'un grand journal. Il avait acquis ainsi cette expérience que rien ne remplace, et dont on conçoit difficilement qu'un historien moderne puisse se passer. Au moment où la maladie l'a terrassé, il mettait la dernière main à une histoire de la loi Falloux, riche de documents inédits, et qui aurait fixé le souvenir d'un de ses meilleurs cours.

La philosophie de Renouvier sert d'armature au livre d'Henry Michel sur l'*Idée de l'État*. Cette forte doctrine l'avait séduit quand il fut arrivé à l'âge d'homme, et il y est resté fidèle. Je ne crois pas qu'il ait été conquis par la métaphysique des *Essais* de Renouvier. Son goût pour ce genre de spéculation n'était pas très vif, et il regardait tous les systèmes d'un œil non pas indifférent, mais un peu désabusé. Il fut pris et retenu par l'accent moral, si vigoureux, de la doctrine, et par la sincérité du sentiment qui l'anime. Comme à Renouvier, les libertés politiques lui paraissent avoir pour fondement nécessaire la dignité inviolable de la personne humaine. Comme Renouvier, il ne croit le progrès possible que par la vertu de l'effort individuel. Comme Renouvier encore, il reste attaché à des convictions idéalistes, et les derniers mots qu'il ait écrits sont pour affirmer sa foi spiritualiste et son aversion pour le « matérialisme dit scientifique ». Ce n'est donc pas sans raison que Renouvier, à son lit de mort, l'avait désigné l'an passé pour être l'héritier de sa pensée et le continuateur de sa philosophie religieuse. Mais, après le maître chargé d'années, voici que le disciple disparaît à son tour, dans le plein éclat de sa maturité, laissant son œuvre inachevée...

L. Lévy-Bruhl.

(Extrait du journal *Le Temps*, 15 décembre 1904.)

HENRY MICHEL

La mort d'Henry Michel, arraché si tôt à sa famille, à ses amis, à ses travaux, à tout ce qui faisait sa vie belle et enviable, est pour l'Université une perte infiniment sensible, un deuil particulièrement cruel.

Ce qu'a été l'homme, sa bonté, sa droiture, son exquise sensibilité ; quel exemple de vie il a donné : laborieuse et grave sans austérité, noble et pourtant simple, toute pénétrée des sentiments familiaux et civiques, et où il avait su faire si justement la part de l'action et celle de la pensée ; l'excellence de son œuvre philosophique, la portée de son influence comme publiciste, enfin ce que furent sa fin et ses derniers actes — tout cela sera dit ailleurs. Ici, nous ne voulons, de cette existence si pleine, retenir qu'une part, celle qu'il consacra au professorat et qui ne fut pas la moins féconde. Car l'enseignement d'Henry Michel, dans les lycées de Bourges et d'Henri IV, où il occupa la chaire de philosophie, à l'Ecole de Sèvres où il professa le cours de morale, à la Sorbonne enfin, où il enseignait l'histoire des doctrines politiques, eut une physionomie originale, singulière même, et une influence qui, si discrète qu'elle s'appliquât à être, fut pour beaucoup profonde et décisive.

Depuis sept ans, Henry Michel avait conquis, à la Sorbonne, par sa probité scientifique, sa méthode rigoureuse, son accent moral si haut, la fidélité d'un public d'élite. L'enseignement du lycée gardait cependant ses préférences. Lorsque, à la suite d'une thèse sur l'*Idée de l'État*, dont la richesse de l'information et la précision de la méthode font une œuvre capitale dans l'histoire de la philosophie politique, il fut appelé à la Faculté des Lettres, ce n'est pas sans regrets qu'il abandonna sa chaire du lycée Henri IV. Et souvent, depuis, il a répété que le meilleur de sa vie universitaire s'était écoulé au lycée, au milieu de ces tout jeunes gens, que n'absorbe pas encore le souci de leur carrière et qui, avides de science, inquiets du vrai, parfois troublés par la première effervescence de leur pensée, sentent se former leur conscience et naître en eux la vie morale. C'est au contact de ces jeunes esprits que Henry Michel a connu ses meilleures joies de professeur, c'est là qu'il a le mieux senti les charmes d'un enseignement qui est une amitié et qui s'attache pour jamais, en même temps que les intelligences, les cœurs.

D'où venait l'action si forte de cet enseignement? Pour une grande part elle tenait à la fermeté lucide, à la richesse d'une pensée philosophique qui, sans raideur, sans nul esprit de système, mais vigoureusement, s'organisait tout entière autour de quelques idées maîtresses. Henry Michel s'était, de bonne heure, attaché à la doctrine de Renouvier, dont la belle cohésion satisfaisait son invincible besoin de clarté et de logique. Pour lui, comme pour Renouvier, tous les problèmes particuliers de la philosophie, qu'il s'agisse de la théorie de la connaissance, des questions en apparence les plus étroitement limitées de la psychologie et de la morale ou des plus hautes de la métaphysique, se rattachaient à ce problème de la liberté où il voyait le nœud de toute spéculation aussi bien que de toute action. Il pensait que la réponse qu'on donne à ce problème contient, sinon par voie de déduction logique, au moins en vertu d'une harmonie intime, la solution de toutes les questions particulières qui peuvent se poser à l'intelligence humaine. Il avait, sur ce point capital, choisi la même solution que Renouvier : il croyait à l'originalité, à l'autonomie de la conscience, qui, suivant une forte expression du maître qu'il aimait à citer, « ne dépend de rien que par le moyen d'elle-même, ni rigoureusement d'elle-même, sur ce qu'elle était à chaque moment qui précède le moment actuel, mais sur ce qu'elle se fait être à ce dernier moment ». De cette croyance à l'originalité absolue du vouloir humain, de cette horreur du « matérialisme scientifique », qu'il a tenu à affirmer avec un si probe et si tranquille courage à l'heure même de sa mort, tout son enseignement était comme pénétré. En métaphysique, en psychologie, dans la morale sociale comme dans la morale individuelle, c'était à la solution *libérale* que, après un examen impartial et rigoureux des diverses doctrines, il donnait son adhésion réfléchie et fortement motivée. Aussi les chapitres de son *cours*, si variées que fussent les questions traitées, apparaissaient-ils comme le déroulement harmonieux d'une pensée qui se développe avec la pleine conscience de la marche qu'elle suit, du but où elle tend. Comment ses élèves n'eussent-ils pas été frappés par la fermeté logique, par la scrupuleuse sincérité d'une intelligence si haute, si exigeante, si sévère pour elle-même ?

Mais plus encore que d'un besoin logique, son enseignement portait la marque d'un besoin moral ; et c'est par là sans doute que sa prise était la plus forte. Ce souci moral ne se manifestait pas seulement par l'importance qu'il donnait au problème de la liberté humaine et aux questions d'éthique, mais encore et surtout par la forme même de ses leçons, par le caractère de sa parole. Jamais enseignement ne fut moins dogmatique, ne se garda plus soigneusement de subjuguer ou même de solliciter les esprits. S'il ne dissimulait rien de ses convictions, il se défendait de les parer de cette séduction des mots, de cette chaleur de l'accent ou du geste, qui eussent pu les imposer ou les insinuer dans les âmes. D'autres visent à être éloquents ; Henry Michel, volontairement, choisissait, non les mots les plus forts ou les plus brillants, mais les plus mesurés, les plus adoucis. Avec un admirable scrupule de conscience, il s'appliquait à atténuer la force d'une parole qui pouvait être, qui a été, en d'autres circonstances et devant d'autres auditoires, si vigoureuse et éloquente. C'est qu'il savait le pouvoir de certains mots sur l'âme de jeunes gens de vingt ans, et il se refusait à s'en servir. Persuadé qu'il n'est de croyances proprement morales que celles que l'on se fait à soi-même, il pensait que la tâche du professeur est de donner aux esprits et aux cœurs l'éveil, la curiosité, l'inquiétude, mais qu'aller au delà, c'est entreprendre sur les consciences. Il n'est aucun de ses élèves qui ait jamais été dominé ou entraîné par son enseignement ; mais il en est bien peu qui n'aient senti tout ce qui, sous une forme si discrète et froide à dessein, se cachait de délicatesse morale, de passion pour le bien, de sensibilité profonde. Avec sa parole lente, comme recueillie, ses gestes sobres et rares, son regard voilé et pourtant ferme, il donnait cette impression précieuse, inestimable, que la philosophie n'est pas chose de manuel et d'école, qu'elle ne s'apprend pas, qu'elle se vit. A travers le professeur, et quelque soin qu'il mît à ne pas le montrer, ses élèves devinaient l'homme capable d'être pour leur pensée un guide, pour leur conscience un appui.

Beaucoup d'entre eux, lentement conquis par l'attrait de cette gravité et de cette douceur, lui ont demandé des conseils et une direction. Avec ceux qui l'aimaient ainsi d'une affection plus vive et lui témoignaient une confiance plus entière, il s'imposait une réserve encore plus grande. Certes il a reçu bien des confidences, il a connu les secrets de bien des jeunes consciences inquiètes. Pourtant il se défendait presque de les recevoir, et ne touchait que d'une main infiniment prudente et légère aux soucis qu'on lui révélait. Si vive était sa crainte d'influer trop fortement sur des âmes qui se forment et de substituer son action à leur propre effort, qu'il allait jusqu'à voiler la sympathie, l'affection qu'il éprouvait pour ses disciples, comme s'il redoutait que ses conseils, s'ils avaient été donnés avec trop de chaleur, ne fussent reçus avec trop de docilité et ne devinssent des mobiles trop puissants. Certains de ses élèves n'ont su que plus tard, une fois devenus hommes, l'amitié que dès longtemps il leur portait. Mais comme alors il regagnait le temps qu'il avait volontairement perdu ! Avec quelle sollicitude délicate, infatigable, il suivait et encourageait leurs travaux, leur donnait les avis de sa fine expérience, savait leur inspirer confiance en eux-mêmes ! Comme il se montrait à eux tel qu'il était en effet, réservé certes et toujours un peu retenu, mais avant tout d'une simplicité charmante, d'une bonté infiniment nuancée et un peu inquiète, d'une sensibilité à la fois fine et profonde ! Il s'employait pour eux de tout son pouvoir, en toute occasion; mais il n'aimait pas qu'on l'en remerciât ni même qu'on lui en parlât; aussi n'a-t-il pas su ou du moins ne lui a-t-on pas dit quelles vives et chaudes reconnaissances l'entouraient. Mais il n'eût pas souhaité le savoir ; son amitié était d'une espèce plus rare : elle s'alimentait de pensées et de sentiments tout désintéressés, plus hauts que le désir même d'être utile, et, comme tout ce qui venait de lui, portait un caractère d'idéalisme moral.

C'est ce maître excellent qui vient de mourir, en pleine force, en pleine activité, laissant à ses élèves, devenus ses amis, le regret de ne lui avoir pas assez dit leur filiale affection, le regret aussi de n'avoir pas assez joui de sa précieuse amitié. Leur excuse est qu'ils ne savaient pas eux-mêmes quelle place il tenait dans leur vie et combien il leur était nécessaire; ils le savent aujourd'hui, et, du même coup, ils ont appris que la perte qu'ils ont faite est de celles qui ne se peuvent ni réparer ni consoler.

Francisque VIAL.

NOTICE

PRÉSENTÉE A L'ASSEMBLÉE ANNUELLE DE L'ASSOCIATION AMICALE DES ANCIENS ÉLÈVES DE L'ÉCOLE NORMALE SUPÉRIEURE LE 15 JANVIER 1904.

Promotion de 1877. — MICHEL *(Henry), né le* 13 *juin* 1857 *à Metz (Moselle), décédé à Paris le* 13 *décembre* 1904.

On excusera l'insuffisance de ce résumé hâtif d'une vie qui, dans sa brièveté, fut variée, pleine et féconde.

La plupart d'entre nous le connurent au lendemain d'une grande douleur d'où il aimait à dater sa vie morale : la mort d'un père très tendrement aimé. Même physiquement, il était déjà presque tel que nous le voyons hier. Belle figure douce et pensive ; voix profonde, volontiers lente, comme pour dissimuler la chaleur d'une âme à qui rien, dans les plus petites choses, n'était indifférent.

A l'École, — bien qu'il s'abandonnât souvent à cette « gaîté d'esprit » dont il parlait naguère encore, dans un *Menu propos* du *Temps*, et qui chez lui fut toujours alerte à percevoir le côté plaisant des choses, — sa gravité habituelle de manières, comme sa maturité de raison, tranchaient sur nos jeunesses. Et l'on ne s'étonnait pas de le voir, à chaque instant, honoré par Ernest Bersot d'entretiens particuliers, présenté par lui, comme un maître déjà, à ses amis politiques les plus en vue : Scherer, Charles Edmond, Spuller, Jules Ferry.

Avec de tels patronages, il aurait pu se lancer aussitôt dans la vie politique. Il accepta seulement, en octobre 1880, après l'agrégation, afin de rester à Paris, le poste de *Secrétaire général de l'École* que Fustel de Coulanges lui offrait. — A voir de près le rôle de l'École et les services de ses anciens élèves, Michel prit d'elle et d'eux une estime plus éclairée et plus affectueuse. On se rappelle l'hommage touchant, qu'il inséra, à la fin du livre du *Centenaire,* « à nos morts inconnus ».

Après un court séjour au lycée de Bourges, il fut appelé à Henri IV, où il resta dix ans. Ce fut là, et à l'École normale supérieure de Sèvres — où il suppléa plusieurs années Joseph Fabre, — que sa direction philosophique se dessina.

Entre les systèmes, son esprit, critique plus que constructeur, et beaucoup moins métaphysicien que psychologue, était resté indécis. Il choisit, sans s'y inféoder, la doctrine qui lui paraissait répondre le mieux, d'une part à ses besoins personnels d'intelligence et de cœur, d'autre part, à une conviction qui fut, je crois, l'unité de sa pensée et de son œuvre. Il était persuadé que, plus la démocratie s'affermit en France, plus elle a besoin de se garder d'un « matérialisme économique » déprimant et de s'imprégner, au contraire, d'une philosophie qui lui tienne le cœur haut. Michel fit du néo-criticisme de Renouvier l'âme de son enseignement.

Enseignement très personnel, du reste, dans la forme qu'il lui donnait.

Épris, en pédagogie comme ailleurs, de la dignité de la conscience, confiant en sa liberté féconde et en ses « effets merveilleux », Michel disait ses propres vues, mais il craignait, par-dessus tout, de les imposer.

Il eût haï que, de son fait, d'autres germes ne pussent lever un jour dans des esprits accaparés. De là sa façon d'enseigner, visiblement inspirée, d'après le témoignage unanime de ses anciens élèves, d'une pensée perpétuelle de « respect ».

Mais son action sur eux, restreinte, en classe, par le plus élevé des scrupules, prenait sa revanche au sortir de la classe ou chez lui.

Chez lui, vers lui, allaient tous ceux qui sentaient naître en eux ce qu'ils devinaient en lui, le goût actif du vrai et du bien. Le psychologue qu'était Henry Michel, dont l'autre jour on rapprochait le nom de ceux de Doudan et de Joubert, démêlait vite parmi ces jeunes hommes ceux dont il souhaitait, comme la joie la plus exquise, d'aider « la vertu naissante ». Il n'avait pas besoin de les appeler. Attirés et retenus, ils s'étonnaient bientôt eux-mêmes de la confiance, de la docilité, de l'amitié qu'ils accordaient, si ombrageux qu'ils pussent être, à un maître auquel désormais ils étaient liés pour toujours. Mais, là encore, Michel, quelque heureux qu'il fût de ces conquêtes, se gardait, même lorsqu'on l'y conviait, de tout empire, de toute usurpation. Les noms des hommes, très différents qui, aujourd'hui encore, malgré cette diversité, aiment à se dire ses *disciples*, l'attesteraient au besoin.

Un enseignement ainsi compris, ainsi prolongé par les entretiens et par une correspondance qui, presque jusqu'à la fin de sa vie, fut considérable, faisait tort au travail de réflexion isolée qu'exige une thèse.

En outre, en 1885, Henry Michel s'était marié. Entre sa mère et la compagne accomplie qu'il s'était donnée, le bonheur de vivre lui était délicieusement révélé. De toute son âme, ardente et bonne, il en goûtait la paix charmante. Tout en accumulant des matériaux et des idées pour l'avenir, il ne se hâtait pas de produire et, à le voir — dans les réunions d'intimes qu'il aimait à multiplier autour de son foyer, — rajeuni en quelque sorte par ce bonheur, faisant à présent, avec une sorte de coquetterie, les honneurs de son vif esprit et d'une gaîté qui était alors une gaîté de cœur, — nul de nous n'osait le presser de réaliser les ambitions que nous avions pour lui.

Du reste, en dehors du lycée, il avait une tâche assez absorbante. Dans la force et l'imprévoyance de sa jeunesse, il avait, en mai 1882, assumé une collaboration régulière au *Temps*. Les universitaires sentaient alors, plus que jamais, le devoir d'apporter à la République, en train de s'organiser, le concours, qu'elle réclamait du reste volontiers, de leur sagesse. Au journalisme presque quotidien, à son improvisation de pensée, à son action forcément combative, ce moraliste réfléchi, impartial et si ouvert, dut s'adapter. Et il y réussit, sauf que, trop souvent, pour un combattant politique, Michel — et il s'en accusait en souriant — se sentait tenté de donner raison à ses adversaires de gauche ou de droite. On l'envoya quelquefois à la Chambre : les intrigues de couloirs parurent à sa psychologie très médiocres et pires encore à son jansénisme.

De ce peu de goût pour les polémiques ou pour le dogmatisme de la politique courante, il eût été à souhaiter que la littérature profitât. Il avait débuté dans le journalisme (aux *Débats*) par des articles de critique littéraire (sur Taine et sa philosophie de l'art), élégants et solides. Au *Temps*, entre quelques *Variétés* qui vaudraient d'être recueillies, il donnait, après Edmond Schérer, des comptes-rendus de séances de réception de l'Académie française, qui furent très remarqués. On n'était pas habitué à entendre parler de l'Académie, avec si peu de circonspection, un candidat possible. Mais Henry Michel était de ceux qui estiment que « la critique n'est pas un commerce de louanges ».

C'étaient les sujets de pédagogie que, — délaissant peu à peu la politique, — il préférait traiter dans un journal où l'enseignement a toujours obtenu la place qu'il mérite. De 1882 à 1891, à côté d'Augute Sabatier, il s'y consacra assidûment. Il y était encouragé par M. Gréard. Depuis quelques années, il était devenu peu à peu l'intime ami, le confident — dans ces derniers temps presque quotidien — du vice-recteur de l'Académie de Paris. Mais s'il avait plaisir à aider de sa plume l'activité forcément silencieuse de son éminent ami, il n'en garda pas moins, là comme partout, son indépendance. Son attention, très souvent sévère pour le pouvoir, et si perspicace que, plus d'une fois, elle se trouva prophétique, s'attacha, au moment même et pied à pied, sur tous les points importants, aux réformes successives de 1880, 1886 et 1890. Le volume où, en 1902, il réunit non pas tous ces articles, — il s'en faut — mais les plus importants, est précédé d'une introduction où l'Enquête de 1900 est à son tour appréciée avec la même probité libre et l'avenir de notre enseignement secondaire discuté avec une franchise pénétrante qui met le doigt sur les difficultés ajournées, esquissées, et sur les problèmes non résolus. Toujours, du reste, les yeux tournés vers le même idéal : les campagnes vigoureuses qu'il mena, avec un succès inégal, — l'une pour la création d'un enseignement vraiment classique, l'autre (de concert avec les professeurs de philosophie de Paris) pour le maintien de la classe de philosophie dans les lycées, — sont caractéristiques à cet égard. Se rappelant les leçons de 1848 et de 1851, Michel combattait à outrance — d'accord, du reste en ceci avec les « scientifiques » les plus compétents — le prestige d'un « scientifisme utilitaire qui, en France, a toujours été la préface ou la conséquence des reculs de la liberté.

Ce passage d'un professeur dans la politique active, — encore qu'il y restât, on le voit, professeur, — eut pour son travail personnel, un bon résultat. Vers 1890, il choisit un sujet de thèse où il pût mettre au service de la philosophie le sens des réalités politiques qu'il venait d'acquérir ; — il choisit « l'idée de l'État ».

Mais le livre qu'il en tira fut autre que celui qu'on eût attendu.

Sur le conflit éternel de l'État et de l'individu, Michel avait assurément sa pensée propre, que les événements contemporains éclairaient, et que les vues de Renouvier l'aidaient, comme il l'écrivait lui-même modestement, à « dégager ».

Individualiste, mais à la façon des philosophes du XVIIIe siècle, il admettait l'intervention de l'État ; même il la souhaitait parfois, pour le progrès social, plus puissante ; mais il voulait qu'elle ménageât religieusement tous les droits de l'individu à son entier développement. Et il voulait aussi qu'elle prît pour règle un idéal de « justice élargie », où la générosité de Michel englobait tout ce qu'on nomme communément la charité.

Toutefois, cette doctrine ne tient dans son livre qu'une place restreinte. Comme plusieurs hommes de sa génération, Michel, au lieu de contempler les idées en elles-mêmes, éprouvait de plus en plus le besoin de les fonder sur les seuls faits qui offrent à la réflexion rigoureuse une base solide : les faits du passé, élucidés avec la méticuleuse exactitude des historiens modernes. L'*Idée de l'État* est une histoire, critique sans doute, mais encore plus *expositive*, des théories politiques émises, en France surtout, depuis le commencement du XVIIIe siècle jusqu'au commencement du XXe.

Trois éditions s'en succédèrent assez rapidement. Ce succès fixa la destinée universitaire de Michel. Chargé, d'abord à la Faculté de droit, de conférences d'histoire des doctrines politiques, il le fut, à la fin de 1896, du cours nouveau créé à la Sorbonne, sous ce titre, par l'initiative parlementaire.

A ce cours, il eût été aisé, surtout à un journaliste de

la veille, d'attirer rapidement le public. Il suffisait de faire à l'actualité les concessions que les sujets suggéraient à chaque pas. Michel n'en eut pas la pensée. Les attaques mêmes de quelques journalistes réactionnaires à qui n'échappait pas l'importance de cet enseignement et surtout la précision redoutable avec laquelle Michel le traitait, ne parvinrent pas à le faire dévier d'une objectivité qui était la forme intellectuelle de sa conscience. Ni les curieux de scandale ni les chercheurs de théories ne trouvèrent leur compte avec un professeur qui discutait de la liberté d'association, du droit au travail, de la liberté d'enseignement avec autant de sérénité que des institutions d'Athènes, — qui exposait minutieusement les faits, expliquait scrupuleusement les hommes, et, sans s'abstenir d'apprécier les uns et les autres, tâchait à les faire comprendre avant tout. Même les amateurs d'éloquence qui fréquentent la Sorbonne étaient un peu déçus. Improvisée, la parole de Michel était, de propos délibéré, « dépouillée » de tout ornement. C'était celle d'un vrai historien. Il évitait avec horreur les traits, les généralisations et les formules spécieuses. Il s'attachait à proportionner rigoureusement son expression à son impression, n'épargnant point à son auditoire, les restrictions, le va-et-vient où se continuait oralement l'effort de sa méditation et de sa recherche vers une plus exacte notation des idées, vers une impeccable narration des faits.

Forcément plus lent, avec cette façon de faire, le succès n'en fut que plus flatteur. Depuis trois ou quatre ans, il était trop visible pour que Michel, malgré sa difficulté à se satisfaire lui-même, n'en fût pas ravi. Non seulement des disciples, ici encore, lui naissaient, et venaient lui soumettre des projets d'études que sa parole avait suscités; mais un public nombreux et fidèle s'intéressait à l'œuvre qui se créait devant lui, œuvre considérable et toute nouvelle.

Car la matière de ces huit années de cours, ce fut l'histoire complète de la pensée politique en France depuis Mme de Staël et Benjamin Constant, jusqu'à Renan et Taine. Il faut souhaiter que les résultats de ce grand labeur ne restent pas enfouis dans les notes du professeur disparu.

Quant à la philosophie politique qui animait cette grande enquête et qui allait en se précisant, on peut, dès à présent, la trouver dans les quelques leçons d'ouverture que Michel voulut bien rédiger et imprimer, — notamment dans celle qui parût en 1901, sous le titre de *Doctrine politique de la démocratie*. La doctrine nécessaire à la démocratie doit être avant tout — Michel était net et intransigeant sur ce point, — *libérale*. La liberté de la conscience individuelle n'est pas « une simple pièce de l'ensemble des libertés politiques » ; elle en est le fondement, et c'est elle que la démocratie doit considérer « comme sa fin première » ; « nulle fin ne doit lui apparaître supérieure ». Mais l'État démocratique, tout en se rappelant qu'il est « la cité des consciences autonomes », ou plutôt par cela même qu'il s'en souvient, peut accueillir sans crainte la plupart, et jusqu'aux plus hardies des nouveautés sociales que réclame un souci grandissant d'améliorer la condition physique et morale de tous les hommes. Dans cet essai d'alliance d'un libéralisme généreux, avec les aspirations socialistes, Henry Michel était tenté de faire chaque jour des pas nouveaux.

Ce cours, depuis 1896 jusqu'au mois de novembre dernier, fut pour lui la préoccupation incessante. Chaque année, il allait de l'avant. Pas une seule fois, en huit ans, il ne voulut reprendre un sujet qu'il eût déjà traité. Or, la préparation d'un sujet nouveau, c'était, dans le très petit nombre de travaux préparatoires existants, une peine énorme. Sur la plupart des points, il lui fallait tout tirer des textes, — ouvrages des écrivains politiques, débats parlementaires, journaux; — passer incessamment de l'analyse de la recherche à la synthèse d'exposition; — maîtriser au fur et à mesure, pour la transmettre, la matière historique qu'il avait eue à dégrossir.

Deux conférences qu'en outre Michel donnait chaque semaine à la Sorbonne, comme les professeurs en titre, ne l'occupaient, parfois, guère moins. De peur d'en trop peu faire, il s'astreignait souvent à y expliquer des textes qui pour lui-même étaient nouveaux. D'autres fois, il y traitait un sujet qui pût attirer, avec les candidats à l'agrégation de philosophie, ceux à l'agrégation d'histoire.

Il collaborait encore au *Temps*. Quand il en avait quitté en 1896, la partie politique, il s'était laissé persuader d'y garder une sorte de tribune libre, où, deux fois par semaine, « à propos d'un trait de mœurs contemporaines, ou d'un fait divers, d'un livre, d'une œuvre d'art ou simplement d'un aspect de la nature, » il notait ses impressions. Et, sans doute, c'était pour lui, d'ordinaire, un « délassement », de revenir à ses anciennes habitudes de moraliste, de psychologue lettré. Ces petites chroniques, il les écrivait, la plupart du temps, au pied levé, — en voyage, au coin d'une table. — Le journalisme avait donné à sa plume, sans lui faire perdre sa classique pureté, une aisance qui ne connaissait plus nos lenteurs. Mais ce qui avait toujours des scrupules, chez lui, c'était la pensée. Et comme ces *Menus Propos* exprimaient presque toujours, même sous une forme ironique, de grandes et fortes pensées, auxquelles il tenait, nul doute que la causerie aimable et courte dont nous attendions, chaque dimanche et chaque jeudi soir, le régal, n'eût parfois coûté quelques heures de méditation à un homme qui portait sa conscience en tout.

Puis, c'étaient les besognes extérieures, imprévues. A mesure que sa valeur était mieux appréciée, à mesure que son nom se faisait célèbre, elles surabondaient. Tantôt un ministre, désireux de prendre sur les questions d'enseignement ou d'assistance publique, un avis compétent et qu'on savait intègre, le consultait longuement. Tantôt Michel était appelé, — et heureux de l'être, — par la confiance de Félix Pécaut, de MM. Bayet et Buisson, à des entretiens relatifs aux plus délicats intérêts de l'enseignement primaire. Parfois, on le chargeait d'une inspection dans les écoles. Il était membre du Conseil d'administration de la Société Franklin, et de celle de l'Assistance par le travail. Appelé à faire partie du Conseil supérieur de l'Assistance publique, il n'avait eu garde de se dérober, quelque laborieuse qu'elle fût de temps en temps, à une fonction qui répondait à ses préoccupations les plus chères.

Enfin et surtout, il faut indiquer ici, malgré les siens, et, si je puis dire, malgré lui-même, ce qui lui donnait constamment à faire : sa bonté.

De ce qu'il faisait pour « ceux qui peinent et qui pâtissent », — lui aux yeux de qui, dans la pratique comme en théorie, toute charité n'était que justice, — je ne devrais rien dire quand j'en saurais encore davantage ; mais ce que l'on peut, ici, se permettre, c'est de rappeler à ses amis la perfection de son dévouement. Dévouement toujours prêt à l'acte, fût-ce en ces moments que nous connaissons tous, où, submergé de devoirs de tout genre, on voudrait que les journées fussent doubles. Dévouement admirablement actif. Ce n'était pas d'une démarche banale, vite faite, qu'il se contentait. L'affaire qu'on lui avait confiée, — ou que, souvent, il avait exigé lui-même qu'on lui confiât, — il l'étudiait avec ce bon sens et cette prudence qu'il avait beaucoup plus quand il s'agissait des intérêts des autres que quand il s'agissait des siens. Il multipliait les visites, les lettres, les mémoires au besoin, avec une ingéniosité tenace dont parfois s'ébahissaient les grands personnages, peu accoutumés à être importunés aussi vivement par un solliciteur qui sollicitait pour autrui. — Dans le cercle d'amis que, depuis trente ans, il s'était faits, et dont il était le lien, rien ne se passait, de malheureux ou d'heureux, dont il ne prît, dont il ne voulût qu'on lui donnât sa part. Nos existences entraient, à chaque instant, dans la sienne. Il a dit, dans son testament, que « nous tenions une grande place dans son cœur ». Il eût dû ajouter dans sa vie.

Mais ce n'est pas impunément qu'on vit ainsi surabondamment, par la sympathie comme par le travail. Depuis deux ou trois ans. Michel éprouvait de la fatigue. Toutefois, après des indispositions qui l'irritaient et le désolaient, il repartait avec une nouvelle ardeur. En 1902-1903, il faisait, dans les Universités populaires, plusieurs conférences. — En 1901, il lançait l'idée de cette célébration du Centenaire d'Edgar Quinet, dont la peine lui incomba en grande partie; il s'occupa notamment de la publication d'un recueil de morceaux choisis. — Il organisait au *Collège des Sciences sociales*, des conférences libres, d'un tour nouveau, où les élèves de la Sorbonne, ceux de l'École de Droit et de l'École Normale, pourraient entendre traiter successivement par un philosophe, par un juriste et par lui-même, la même question à trois points de vue différents. — En vue de faire sortir les documents d'histoire politique encore inédits de la deuxième moitié du XIXe siècle, il fondait la *Société de l'histoire de la Révolution de 1848*. — Enfin, sur les instances de M. Gréard, il avait consenti non sans peine, en vue d'une candidature, qui semblait n'avoir rien de trop ambitieux, à l'Académie des sciences morales et politiques, à publier trois volumes d'articles, un de *Notes sur l'Enseignement*, deux de *Menus Propos*, et à tirer de son cours, pour en faire un livre, une histoire de la *Loi Falloux*.

Ce livre, dans lequel des documents officiels et privés, utilisés pour la première fois ou même découverts par

Michel l'amenèrent à des résultats très nouveaux, est achevé. Il le fut aux dernières vacances. Intellectuellement, « jamais il ne s'était senti mieux en train ». Mais à cette joie de terminer une œuvre vraie, intéressante et utile, se mêlaient des avertissements du corps qui défaillait. En octobre dernier, il était obligé de renoncer à toutes ses occupations, d'abandonner enfin, pour un temps indéterminé, ce qu'il eût aimé à appeler sa chaire.

Il ne s'est pas, comme on dit, « vu mourir », et le déchirement des adieux lui a été épargné. Mais ce serait le diminuer que de laisser croire qu'il vint, les yeux fermés, jusqu'aux derniers moments. Depuis bien des années, depuis toujours peut-être, la pensée de la mort lui était présente. Sous une forme ou sous une autre, volontiers plaisante, elle remplissait ses lettres. Il ressentait de plus en plus le désir d'aboutir sur tous les points où une conscience loyale s'attarde, mais où elle ne voudrait pas indéfiniment s'attarder. Il avait eu, de tout temps, un sentiment religieux très vif. Né israélite, il avait, dans son enfance, peu connu, dans son adolescence peu voulu connaître la religion de ses pères. Et c'est aux penseurs catholiques, principalement à ceux du XVIIe siècle, qu'il avait eu recours, lors de cette crise douloureuse de sa dix-huitième année, d'où était sorti l'homme de bien qu'il resta. Pascal, ardemment embrassé par lui, l'avait introduit au plus profond du jansénisme, et longtemps il trouva dans les livres de *Port Royal* comme dans l'*Imitation*, l'aliment d'une vie intérieure, qui goûtait, dans le recueillement, cette dévotion, noblement incertaine, d'un idéalisme incrédule. Puis, peu à peu, Vinet, Scherer, Félix Pécaut, Emerson, Renouvier surtout, lui avaient fait estimer une autre forme du christianisme. Les livres d'Auguste Sabatier le frappèrent. Non qu'il trouvât, dans ce protestantisme hardi, ce que cherchait peut-être le plus son âme tendre : la communion chaude et bienfaisante, le lien et le soutien d'un culte collectif, l'Église. Mais à défaut, il y trouvait l'élimination de toutes ces difficultés rationnelles que son exigence critique ne pouvait tolérer dans les orthodoxies dogmatiques, et dont son sentiment religieux s'impatientait comme d'une entrave. Il y trouvait aussi cette liberté de la conscience, qui, là comme partout, lui apparaissait comme le tout de l'homme.

De là, les précisions auxquelles, après avoir longtemps reculé devant elles, il était dans les derniers temps arrivé. De là l'adhésion qu'il avait fini par donner en lui-même à ce « christianisme moral » où il voyait « le meilleur, le plus pur, le plus surhumain de la conscience », mais « christianisme informulé, sans dogmes, sans Église, chacun étant à soi-même sa propre Église ».

De là, la détermination, — écrite par lui, cinq jours avant sa mort, en pleine connaissance, d'exprimer par la forme de ses obsèques, l'état exact de son âme, et la nuance de sa religion. N'étant ni juif, ni catholique, ni protestant, mais se sentant « chrétien, » il appelait à présider à ses obsèques un des prédicateurs les plus éloquents de ce christianisme agnostique.

Deux semaines plus tôt, le soir d'un jour où l'inquiétude des médecins s'était trahie à des signes qui ne pouvaient échapper à son angoisse clairvoyante, il dit à l'un de ses amis : « Voilà tout ce qu'ils ont cru pouvoir me donner de réconfort et d'espoir ; et je vois bien qu'ils pensent que ce qui peut arriver m'effraie. Je n'ai pas peur. » Et il ajouta : « Tu ne crois pas, n'est-ce pas, que j'aie peur? » Il convenait qu'à cette vie en perpétuel progrès, toute de claire conscience et de dévouement voulu, il ne manquât pas l'élément de grandeur qui vient du consentement lucide au sacrifice total.

Alfred Rébelliau.

HENRY MICHEL

Il y a quelques jours est mort un homme qui faisait honneur à l'Université républicaine. Henry Michel disparaît en pleine vie, en plein talent, à l'heure où tous ceux que préoccupe l'avenir de la démocratie attendaient du maître vénéré de nouvelles paroles de direction, et le complément de sa doctrine si noble et si féconde.

L'an dernier, il nous avait donné, sous le titre de *Propos de Morale,* une série d'entretiens ou de réflexions, qui nous montraient cette pensée toujours inquiète du progrès moral de la société, et sans cesse en éveil devant son évolution vers l'idéal vaguement entrevu. Il fut un de ceux qui voulaient nous faire voir clair dans le mal présent, et donner aux citoyens d'une République les idées directrices qui guident les peuples libres vers le bien.

On a rappelé que Ch. Renouvier pensait à lui, lorsque, la veille de sa mort, il esquissait les grandes lignes d'une religion laïque, sans prêtre et sans église, pouvant rapprocher, par la même foi dans la justice et la vérité, tous les hommes droits et sincères. Renouvier citait Henry Michel comme l'homme indépendant, courageux, désintéressé, qui pouvait mener à bonne fin une tâche si importante. L'hommage est des plus beaux que je connaisse, prononcé en de telles circonstances et par de telles lèvres. Avec ses tendances élevées et ses convictions généreuses, Henry Michel nous apparaîtra de plus en plus comme un de nos « saints » laïques, les plus dignes de notre respect.

Il ne m'appartient pas de dire ce que fut le philosophe, de résumer sa thèse éminente sur l'*Idée de l'État*. Je ne parlerai dans cette chronique que des services qu'il a rendus à l'enseignement populaire. Ce savant, ce philosophe, cet érudit laborieux, ce professeur en Sorbonne sut toujours, malgré ses labeurs multiples, trouver quelques instants, pour porter aux Universités populaires l'appui de sa parole autorisée.

Il voulait le relèvement moral et intellectuel du peuple ; il mettait ses théories en pratique ; de la pensée, il passait à l'acte. On lui doit, à la suite d'une campagne infatigable par la conférence et par le livre, d'avoir vu notre pays organiser, pour le centenaire d'Edgar Quinet, une manifestation aussi grandiose que celle qui avait honoré le centenaire de Michelet.

Nous eûmes, à Lyon, le bonheur de l'entendre et de l'apprécier. Simple, sans prétention, sans aucune recherche, ni dans la pensée ni dans le style, il se fit connaître ici comme un conférencier populaire, sachant s'adapter merveilleusement à son public et ne comptant, pour gagner ses auditeurs, que sur la vérité et la valeur de ses idées. Son éloquence familière était alors solide et forte, toute traversée par un souffle de sincérité qui mettait les défiances en déroute, produisait la conviction dans les esprits et faisait naître la sympathie dans les cœurs.

Henry Michel a dit d'Edger Quinet : « Il y a dans son œuvre des semences d'avenir qui lèveront un jour. La démocratie lui doit déjà beaucoup ; elle lui devra encore davantage quand elle se sera pénétrée de tant de leçons si hautes... » Cela est vrai aussi d'Henry Michel lui-même, et cette pensée réconfortera ceux qui l'ont connu et qui le pleurent comme ils l'ont aimé.

G. Brémont.

NOTICE SUR HENRY MICHEL

Depuis quatre mois et demi que nous l'avons perdu, on a beaucoup écrit sur Henry Michel. On a dit ce qu'a été l'homme, l'ami, le professeur, le moraliste[1]. Ici, à la Société d'Histoire de la Révolution de 1848, qu'il a contribué à fonder avec M. Georges Renard, et où l'on a pensé qu'il convenait de consacrer à son souvenir une partie de cette séance publique, je voudrais rechercher l'origine de ses idées politiques et sociales, et montrer comment, n'y ayant sans doute guère songé au début de la vie, il en était venu à étudier l'histoire et à l'écrire. Le sujet circonscrit, une remarque préliminaire s'impose : c'est que, s'agissant d'un homme chez qui l'esprit était aussi rigoureusement logique que le cœur était compréhensif et généreux, tout se tient en lui, tout s'enchaîne; le philosophe a préparé l'historien, et il sera quelquefois difficile de les séparer l'un de l'autre.

1. V. notamment l'article de M. Vial, dans la revue de l'*Enseignement secondaire*, 15 décembre 1904 ; celui de M. Bouglé, dans la *Revue politique et parlementaire* du 10 mars 1905, et la notice de M. Rébelliau, dans le *Bulletin de l'Association amicale des Anciens Elèves de l'Ecole normale supérieure*, 1905.

I

Henry Michel est né à Metz le 13 janvier 1857, d'un père lorrain et d'une mère alsacienne. Il quitta sa ville natale à neuf ans, pour venir à Paris ; mais ses impressions d'enfant, dont la guerre et l'annexion firent si tôt des souvenirs historiques, ne s'effacèrent jamais. Au contraire, il semblait qu'avec le recul des années elles prenaient plus de relief et de vie. Une excursion rapide, qu'il fit en Lorraine en 1898, au cours de vacances passées dans le grand-duché de Luxembourg, les avait encore rafraîchies [1].

Il se rappelait aussi — avec quelle précision et quelle acuité de souvenirs ! — ce qui était advenu par le fait de Bazaine de la ville de Metz et des beaux soldats qu'il avait vus manœuvrer sur l'Esplanade. Il avait eu quatorze ans pendant le siège de Paris : les événements auxquels il assistait l'avaient mûri avant l'âge. Le bombardement avait fait licencier le lycée Louis-le-Grand, où il avait naguère commencé ses études, et obligé ses parents à quitter la maison qu'ils habitaient sur la rive gauche pour se réfugier dans un quartier du centre. Ces vacances imprévues lui avaient permis de contempler le spectacle si caractéristique de la rue à cette époque et d'écouter les conversations graves des grandes personnes attristées. Il entendait prononcer avec respect les noms des proscrits de l'Empire, Quinet, Hugo, qui étaient rentrés en France pour prendre leur part des souffrances du pays. Henry Michel a noté avec force « ces deux impressions qui sont inséparables l'une de l'autre et qui sont profondément entrées dans la conscience de sa génération : l'invasion, la guerre » — et

1. V. Henry Michel. *Propos de Morale*. Paris, Hachette, 1904. 1re série, p. 281-282 et 305.

aussi « l'admiration que nous éprouvions pour ces hommes dont nous ne connaissions pas les œuvres[1]. » Elles ne s'effacèrent pas. Pareillement, lorsqu'il tiendra une plume, les seules personnes à l'endroit desquelles il s'écarte de sa bienveillance coutumière sont celles qui affectent de porter légèrement la responsabilité de la déclaration de guerre et des malheurs qui en ont été la conséquence[2]. Il était d'une province et d'une génération qui n'oublieront jamais.

Un des noms qui frappent le plus son oreille dans les années qui ont suivi 1870, c'est celui de Thiers qu'on admirait autour de lui, qu'il admirait de confiance : non pas le Thiers de 1848 et de 1849 qu'il connaîtra plus tard et qu'il n'aimera point, mais le patriote averti qui a déconseillé la guerre, le libérateur du territoire, le fondateur de la troisième République. Henry Michel a vu et ressenti le 24 mai 1873, il a vu et ressenti plus vivement encore le 16 mai 1877, ces coups d'État parlementaires dont les contemporains ont eu la sensation très nette que ce n'étaient pas de simples changements de ministère. Je crois bien que la première fois qu'il a mis à sa boutonnière la palme brodée des Normaliens, c'était pour assister aux obsèques de l'ancien Président, à qui les républicains faisaient d'imposantes funérailles, protestation significative contre la dissolution de la Chambre des députés et contre le ministère de Broglie-Fourtou.

A l'École Normale, Henry Michel a tourné sa pensée vers des sujets que l'on n'a pas dessein d'étudier ici, ou il a subi des influences scientifiques qui seront notées plus loin. Pour le moment, je n'en mentionnerai qu'une, celle

1. V. Henry Michel. *Edgar Quinet*. Conférence faite à l'Université populaire de Lyon (1903), p. 7.
2. V. H. M. *Le Quarantième Fauteuil*. Hachette, Paris 1898. V. l'article du 25 novembre 1892 sur M. Emile Ollivier, *passim*. L'auteur y est revenu plus tard, à propos de la réception de M. Faguet.

d'Ernest Bersot, ce saint laïc, pour parler comme Jules Ferry, que Jules Simon avait appelé à la direction de l'École. Henry Michel parlait peu de lui, comme si une pudeur d'âme l'avait empêché de dévoiler des sentiments trop intimes, mais il le vénérait. Il avait voué à sa mémoire un culte pieux; il lui a dédié le dernier volume qu'il a publié et qui porte le millésime de 1904 [1].

Il sort de l'École en 1880; il devient rédacteur au *Temps* en 1882. Henry Michel ne dépassait guère à cette époque et, sur certaines questions, n'atteignait pas l'état d'esprit centre gauche; le journal était plutôt plus avancé que lui.

De sa longue collaboration au *Temps* il n'a cru devoir retenir plus tard, pour cette période, que les comptes rendus des séances académiques [2] et les articles consacrés aux questions d'enseignement [3]. Ce qui l'intéresse dans la politique, en avançant dans la vie, ce ne sont pas les menus faits de la bataille parlementaire, ce sont les idées et les hommes représentatifs, ou qui en ont connu de tels.

Des hommes, il en a vu beaucoup : au *Temps* même, pour ne parler que des morts, Charles Edmond, Schérer, Auguste Sabatier; hors du journal, et sous le bénéfice des mêmes réserves, Jules Ferry et Spuller. Parmi les vivants je citerai ceux qui se sont fait inscrire à son appel sur les listes de notre Société : MM. Léon Bourgeois, Henri Brisson, Ferdinand Dreyfus, Millerand, Jaurès et Poincaré; ces deux derniers étaient ses camarades et ses amis. En 1884, le *Temps* l'envoie en Belgique faire une enquête sur les causes de l'échec du parti libéral [4]. C'est un des voyages dont il a gardé le meilleur souvenir. Il approche les chefs

1. Ce sont les deux volumes de *Propos de Morale*. Henry Michel y a réuni les *Menus Propos* qu'il publiait dans le *Temps* deux fois par semaine, depuis 1886.

2. *Le Quarantième Fauteuil*, déjà cité.

3. *Notes sur l'Enseignement secondaire*. Paris, Hachette, 1902.

4. *Propos de Morale*, t. II, p. 248.

du parti vaincu : Frère-Orban, Bara, Janson ; les catholiques vainqueurs : Jacobs, M. Woeste. Il s'entretient avec M. de Laveleye, l'économiste, — encore un mort — et ce n'est pas celui qui avait apprécié la situation avec le moins de clairvoyance. Plus tard, il eut la bonne fortune de rencontrer, pendant les vacances de 1899, au Chaumont-sur-Neuchâtel, Numa Droz[1], l'homme d'État suisse, qui produisit sur lui une impression profonde, et qui se sentait attiré, comme la plupart de ceux qui le voyaient de près, par l'intelligence et le caractère de son interlocuteur. Enfin M. Gréard, qui l'honorait d'une amitié devenue avec les années de plus en plus confiante, lui parlait en toute franchise des hommes publics avec qui sa fonction le mettait quotidiennement en rapport.

L'habitude d'écrire sur des questions politiques et de pénétrer les raisons des choses inspire à Henry Michel le choix du sujet qu'il a traité dans sa thèse de doctorat : l'*Idée de l'État*[2]. La soutenance en 1895 dans la salle même où nous sommes réunis fut très brillante et l'auteur félicité par tous ses juges.

Quelques-uns cependant n'avaient pas dissimulé leur surprise, qui avaient surtout connu Henry Michel comme agrégé de philosophie et comme professeur à l'École Normale de Sèvres ou au lycée Henri IV. Ils attendaient de lui un livre dogmatique, et, dans ce gros volume de 650 pages, divisé en cinq livres, précédés d'une longue introduction, le dogmatisme proprement dit occupe à peine vingt-cinq pages, à la fin. Les historiens, au contraire approuvaient sans réserve. Henry Michel leur donnait un livre, écrit conformément à leur méthode, — je reviendrai tout à l'heure sur ce point — et qu'ils réclamaient depuis longtemps ; il passait en revue tous les systèmes de philo-

1. *Propos de Morale*, t. II, p. 286-287.
2. Chez Hachette, Paris, 1896, in-8.

sophie politique, depuis la fin du dix-huitième siècle jusqu'à nos jours, afin d'y analyser l'idée de l'État. Il s'est donné plus spécialement pour tâche d'étudier comment le haut individualisme du dix-huitième siècle, celui de la Révolution française, généreux et volontairement subordonné au développement de la Cité, a été combattu par les uns et amoindri par les autres jusqu'à n'être plus que l'antithèse, un peu puérile et brutale à la fois, entre les droits de l'individu et ceux de l'État. Il ne satisfait sa curiosité, son besoin de savoir et de clarté qu'à la condition d'interroger l'un après l'autre dans leurs écrits tous ceux qu'il appelle les étatistes et tous les individualistes. Il analyse leur pensée, il reconstitue leurs systèmes avec une exigeante précision et une absolue loyauté. Il ne s'en tient pas aux grandes doctrines qu'il étudie à fond ; il veut tout savoir, et, pour ne citer de son abondante information que deux exemples, il étudiera, parmi les étatistes, l'œuvre d'un philosophe chrétien qui n'est pas très lu : Villeneuve-Bargemont, et parmi les individualistes, un écrivain fort honorable, mais qui n'a pas atteint la grande notoriété : Beausire. Et ainsi des autres. De là les félicitations des historiens, qui avaient fait une recrue précieuse et qui trouvaient dans l'*Idée de l'État* une source inépuisable de documents.

On entend bien que j'ai un peu forcé la note pour montrer que nous sommes ici à un tournant dans la carrière scientifique d'Henry Michel. Au fond, son dessein très arrêté est de rajeunir l'individualisme et de le fonder sur des bases solides. Personne n'éprouvait plus que lui le besoin d'enchaîner rigoureusement les différentes parties d'un système, de lier les vues politiques aux vues morales et le monde moral au monde de l'esprit. Il ne dissimule pas ses préférences, et, s'il ne les expose dogmatiquement que dans une courte conclusion, elles apparaissent cependant à toutes les pages du livre. Il a rejeté l'une après l'autre toutes les doctrines ; il répugne aux unes et il juge les autres insuffisantes : mais il a trouvé, dans plusieurs, des éléments satisfaisants qu'il retient. Il a un penchant prononcé pour les thèses démocratiques d'un Tocqueville qui veut donner aux citoyens le sentiment de la responsabilité avec celui de la solidarité, d'un Lamartine qui lie à la notion de la démocratie celle de la charité politique ou civile, d'un Proudhon qui caractérise son système d'anarchie par l'absence de maître et non par l'absence d'ordre, ou même d'un étatiste comme Benoît Malon qui définit le socialiste « l'homme qui porte dans son cœur la plaie toujours ouverte de la douleur universelle. » Epris de ces idées généreuses, en quête d'une théorie qui ne prétende pas tout ramener dans l'homme à un mécanisme plus ou moins scientifique, Henry Michel adhère finalement au néocriticisme de Renouvier. Renouvier est un de ces penseurs solitaires et puissants, comme il les a de tout temps admirés : Maine de Biran, Emerson. Sa forte critique dégage dans toute sa pureté la notion de la liberté : la liberté est un postulat qui se rattache à celui d'un premier commencement, libre lui-même. Il fonde l'ordre politique sur l'idée de patrie morale et proclame la supériorité de la justice sur l'amour.

A son tour, Henry Michel se prononce pour la libre affirmation de la liberté, et s'efforce, comme son maître d'élection, d'accorder la liberté avec la justice, qui sera de stricte obligation dans l'ordre social. La liberté nous faisant connaître l'éminente dignité de la personne humaine, il est nécessaire d'assurer à chacun les droits qui découlent de l'idée de justice, et qu'il est possible de ramener à deux : le droit de vivre, et le droit de s'élever par la culture. De là des devoirs qui seront analysés avec plus de précision encore dans la brochure intitulée *la Doctrine politique de la Démocratie* [1].

1. Chez Colin, Paris, 1901.

Henry Michel n'était peut-être plus un pur philosophe aux yeux de ceux qui mettent toute la philosophie dans la métaphysique. Il l'était plus que jamais au sens où les anciens entendaient le mot ; il l'était aussi au sens où l'entendait Renouvier, qui appréciait, — il l'a dit — son talent et son esprit politique. Dans ses *Derniers Entretiens*, qui ont été pieusement recueillis comme un évangile d'outre-tombe par son disciple M. Prat, Renouvier mourant, désignait Henry Michel comme le penseur le plus digne d'enseigner aux citoyens cette religion laïque qu'il avait entrevue[1]. Henry Michel se récusa, aussi incapable d'agréger autrui que de s'affilier lui-même à une église, si libérale fût-elle, et incliné pour sa part, comme il l'avait toujours été, vers une sorte de mysticisme mal défini, qui était surtout une protestation contre les prétentions qu'il jugeait arbitraires et indiscrètes du positivisme scientifique. C'était là le domaine réservé du for intérieur, et c'est un autre champ qu'il réservait à son action morale.

Il avait commencé à préparer sa thèse au moment où s'achevait la crise boulangiste ; il l'avait soutenue à l'heure où une crise plus grave encore menaçait d'ébranler notre pays. Des événements de cette nature auxquels il était loin d'assister en témoin impassible lui faisaient un devoir de conformer la pratique de sa vie à la doctrine qu'il avait exposée et qui l'avait mené bien loin de son libéralisme timide de 1880. En 1896, sans rompre avec le *Temps* où il continuait de compter des amis très chers, il cessa délibérément toute collaboration politique à ce journal.

Ayant ramené à deux les droits qui découlent de l'idée de justice, il s'efforce à les transformer en réalités pour ceux qui n'en jouissent pas encore. Je ne puis qu'indiquer en passant l'intérêt qu'il portait à l'œuvre de *l'Assistance*

1. Ch. Renouvier. *Les derniers Entretiens*, recueillis par L. Prat, p. 108, Paris, chez Colin, 1904.

par le travail du XVIIe arrondissement. Notre confrère M. Ferdinand-Dreyfus vous dirait mieux que moi la part qu'il a prise aux travaux du Conseil supérieur de l'Assistance publique où l'avait appelé l'amitié de M. Henri Monod.

Chargé de cours à la Faculté des lettres de l'Université de Paris depuis 1896, il ne se contente pas de l'enseignement qu'il doit à ses étudiants ou à ses auditeurs du cours public ; il a été l'un des conférenciers les plus dévoués de la *Coopération des Idées* et des universités populaires. Il y tient un langage simple et clair que les auditeurs comprennent toujours : il étudie devant eux des questions de philosophie, d'histoire ou de sociologie. Il leur parle avec franchise, les respectant trop pour rien atténuer de sa pensée, sûr de leur être agréable, quand il arrive au point de sa doctrine où il aspire, comme il dit à peu près quelque part, les souffles généreux de l'idée socialiste, très indifférent au déplaisir qu'il cause à un goupe anarchiste, en faisant une analyse de l'idée de patrie.

D'autre part, l'adultération de ce qu'on avait appelé l'esprit nouveau, cette sorte de snobisme moral et politique, qui éloignait des écrivains, autrefois réputés libéraux, des principes de 1789[1] et entraînait un jour un académicien à qualifier d'opération de police un peu rude le crime du Deux-Décembre[2], les péripéties de l'affaire Dreyfus dont un parti puissant faisait un levier pour entraîner la France dans la réaction par une perversion du patriotisme, amenaient de plus en plus Henry Michel aux solutions hardies et à l'esprit démocratique.

L'étude approfondie qu'il fit de Quinet pour ses cours de Sorbonne en 1901, 1902 et 1903, marque dans cette voie le dernier progrès de son esprit. C'est à Quinet qu'il

1. V. *Le Quarantième Fauteuil*, p. v. et aussi p. 235.
2. *Le Quarantième Fauteuil*, v. p. 244.

doit d'avoir fixé dans une formule saisissante l'ultime conséquence de l'idée de justice qui est l'obligation de travailler à l'avènement de la cité nouvelle [1]. Il met Quinet au rang de ceux qui ont le plus aimé et le mieux servi la démocratie, qui l'ont enseignée par la parole, par le livre, et plus encore par l'exemple. Alors il entreprend de le faire connaître et de le faire honorer. Ce n'est plus seulement dans les universités populaires, mais à l'école Quinet, ce n'est plus seulement à Paris, mais à Rennes, à Lyon qu'il va porter la bonne parole. Il multiplie ses efforts, les articles, les démarches et c'est pour une bonne part à son initiative qu'on doit la célébration du centenaire d'Edgar Quinet. Il aurait voulu faire davantage. Un jour de cet été, à Evian, les yeux fixés sur la côte suisse du Léman, qui déroule sa courbe harmonieuse d'Ouchy à Villeneuve et réfléchit dans les eaux du lac les maisons de Lausanne étagées en amphithéâtre jusqu'à Saint-François et jusqu'au Signal, les vignes plantées sur les flancs du Jorat, les villages accrochés aux premières pentes du Cubly et de Jaman, il semblait chercher encore, parmi les prairies de Veytaux, la maison dont il avait souvent essayé de retrouver la place et où Quinet avait vécu de 1858 à 1870. En même temps, il me disait qu'il regrettait toujours de n'avoir pas obtenu en 1903 tout ce qu'il avait demandé pour Quinet, c'est-à-dire des honneurs pareils à ceux qu'on avait rendus à Michelet en 1898, l'apothéose réparatrice — au Panthéon — par la démocratie triomphante, de celui qui avait souffert pour elle la pauvreté et l'exil.

II

Les cours que professait Henry Michel à l'Université de Paris étaient consacrés à l'histoire des doctrines politiques.

1. *Conférence de Lyon*, p. 25.

Officiellement, tout ce qui est doctrine appartient aux philosophes ; sur l'affiche de cette année, où les cours sont groupés par sections, celui qu'il devait donner sur la *Philosophie de Joseph de Maistre et son influence* est annoncé avec l'enseignement philosophique. En fait, il est devenu historien.

De l'historien il avait eu de bonne heure la méthode, le goût de la recherche, le besoin de précision. En rhétorique il documentait solidement ses rédactions d'histoire ; les longues pages, couvertes d'une écriture serrée et régulière, étaient mouchetées de chiffres, et au bas, en note, on lisait des textes empruntés aux mémoires du dix-septième siècle, aux grands écrivains, jusqu'à des citations qui provenaient de rapports présentés à l'Assemblée nationale. Il était donc tout prêt à s'assimiler à l'École Normale les principes des maîtres, qui lui enseignaient à étayer toute affirmation sur un fait : Ernest Desjardins, l'épigraphiste, M. Lavisse, dont il note que l'enseignement était remarquable par l'abondance des documents, la sûreté de la méthode, le bel ordre des preuves. M. Boutroux ne procédait pas autrement : avant d'apprécier la doctrine d'un philosophe de haut et d'ensemble, il puisait aux bonnes sources les éléments de sa biographie, indiquait avec soin les éditions savantes de son auteur, marquait les différents stades de sa pensée, en pénétrait tous les recoins et n'avançait aucune proposition sans indiquer aussitôt la référence à l'appui. Ajoutons enfin qu'Henry Michel passa un peu plus d'un an comme secrétaire de l'École Normale dans le voisinage immédiat de notre cher et regretté directeur Fustel de Coulanges, et que Fustel en était arrivé alors à un respect presque superstitieux des textes. Il allait dans cette voie jusqu'à s'imposer quelquefois un travail inutile, dont il se serait dispensé en recourant aux ouvrages de confrères pour lesquels la rigueur de sa méthode le rendait même injuste.

Henry Michel travaillait en savant et en historien. Le livre sur l'*Idée de l'État* est le fruit d'une immense lecture; tous les ouvrages qui ont passé sous ses yeux, il les a dépouillés la plume à la main, notant le résultat de ses recherches sur d'innombrables fiches qu'il entassait dans des cartons. Avec le mot ou la phrase recueillie, chaque fiche porte l'indication exacte de l'auteur, de l'ouvrage, de l'édition, les dates, toutes les précisions nécessaires. Les livres dont il faisait usage sont remplis de signets, qui ne sont pas de simples marques pour faciliter une seconde lecture, mais le plus souvent de véritables notes détaillées, qui passeront dans la préparation du cours, dans la rédaction de l'article ou de l'ouvrage. La collection du *Moniteur*, qu'il considérait, avec raison, comme un instrument de travail indispensable à qui veut étudier l'histoire de 1848, est ainsi toute interfoliée.

Son information est très étendue. Elle est rigoureuse et sûre. Henry Michel va-t-il étudier un auteur, il recherche les origines de la doctrine dans le passé, il la suit dans tout son développement ; il ne se contente pas d'approfondir tel ouvrage capital ou très connu qui marque l'aboutissement d'une pensée ou l'épanouissement d'un système ; il en veut connaître la naissance et les variations, et il ne laisse pas échapper le moindre opuscule. Aborde-t-il une question proprement historique, il fait une critique sévère et pénétrante des ouvrages imprimés : livres de seconde main ou souvenirs des contemporains de l'événement, puis il va aux sources. Ses cartons sont pleins de notes copiées dans les manuscrits des bibliothèques ou aux Archives nationales, et ce n'est pas tout : pour l'étude des grands débats parlementaires de la seconde République, il dépouille les procès-verbaux des commissions. Il recherche auprès des particuliers, les documents inédits, les souvenirs manuscrits, les lettres qui ont un caractère historique. La note sur la Constitution de 1848, qui a paru dans le second numéro du *Bulletin* de la Société, et qui n'est qu'un fragment d'une leçon du cours professé à la Sorbonne, en 1898-99, est un excellent modèle de critique historique.

Quelles difficultés entravent l'effort de l'historien quand il approche de la période contemporaine : obstination de certaines familles à cacher ou à détruire les écrits de parents dont elles ne partagent plus les opinions, timidité des autres, lacunes dans les séries des dépôts publics; absence de classement méthodique. Henry Michel l'avait éprouvé au cours des travaux dont il me reste à parler. De là son désir d'obvier, dans la mesure du possible, aux inconvénients qui l'avaient frappé, et la part très active qu'il prit à la naissance de notre Société.

Il avait étudié successivement, à la Sorbonne, l'*évolution des doctrines libérales en France de 1815 à 1848* (cours de 1896-1897) ; *l'idée démocratique en France, de 1830 à 1848* (1897-98) ; *l'année 1848 ; l'avènement de l'idée démocratique en France* (1898-99) ; *la crise de l'idée démocratique en France pendant les années 1849-1850* (1899-1900) : *le développement de l'idée démocratique dans l'œuvre d'Edgar Quinet et dans l'œuvre de Michelet, jusqu'en 1852* (1901-1902), et *à partir de 1852* (1902-1903) ; *les théories politiques d'Auguste Comte et leur influence* (1903-1904)[1].

Dans sa leçon inaugurale de 1896, il différencie l'histoire des doctrines politiques de toutes les branches voisines de la science : histoire de la politique, histoire des institutions, histoire du droit public, histoire du droit constitutionnel. L'utilité pratique d'une pareille étude est « de se faire une doctrine de vie, objet secret ou avoué de l'inquiétude et de la recherche des âmes à l'heure présente[2] ». Tout cela

1. Je dois à l'obligeance de M. Lantoine, secrétaire de la Faculté des Lettres, et de son collaborateur, M. Uri, la liste exacte des cours qu'Henry Michel a professés en Sorbonne.

2. *Leçon d'ouverture d'un cours d'histoire des doctrines politiques*, p. 25. Aux Bureaux de la *Revue Bleue*, Paris, 1896.

est parfaitement vrai et l'on a indiqué plus haut comment tout se lie en lui, comment la tournure de son esprit influe sur l'objet de ses recherches, et comment son travail scientifique influe — en retour — sur l'évolution de ses idées. Mais sa méthode — il le dit lui-même — est celle de l'histoire. L'histoire des doctrines, sinon telle qu'il la définit en 1896, du moins telle qu'il l'enseigne dans les années suivantes, se confond presque, à mesure qu'on se rapproche du temps présent, avec l'histoire politique.

En décembre 1901, il commence un cours sur Michelet et Quinet. Pas de leçon d'ouverture oratoire[1] ; il se défie des formules qui ne sont jamais exactes; il prépare ses auditeurs à « l'austérité systématique et voulue » qui sera un des caractères de son enseignement. Comme pour toutes les autres leçons, il a dressé pour celle-ci un plan développé, très rigoureusement divisé et subdivisé ; l'enchaînement des faits et des idées est clairement marqué, avec des renvois aux textes nombreux qu'il annexe à la leçon. Elle comporte quatre parties et c'est dans la première qu'il indique le sujet du cours pour l'année scolaire, les différents chapitres qui se dérouleront dans l'ordre chronologique. Dans la seconde partie, il se demande ce que Quinet et Michelet ont fait jusqu'en 1843, ce qu'ils ont fait de 1843 à 1848 ; donc deux sections. La première est une biographie très précise qui a nécessité beaucoup de recherches, les fiches en portent la trace. Deuxième section : l'œuvre qui commence en 1843 ; les cours du Collège de France. Ce que sont les cours matériellement : ici encore, des recherches minutieuses, non seulement dans le texte des deux auteurs dans les journaux de l'époque, dans les mémoires, mais dans les archives du Collège de

1. Mme Henry Michel a bien voulu m'autoriser à rechercher dans les cartons et dans les notes de son mari tous les renseignements qui pourraient m'être utiles pour cette notice.

France. Ce que les cours sont moralement ; ici de la doctrine, analyse serrée des leçons rédigées plus tard par Quinet et Michelet. Troisième partie : Pourquoi Michelet et Quinet ont-ils fait leurs cours de 1843 tels qu'ils les ont faits? Le professeur étudie les motifs que l'on a prêtés à tous les deux, et ceux que l'on a plus spécialement prêtés à l'un et à l'autre et il réfute par des faits les insinuations des adversaires. Par exemple, on a taxé Quinet de fanatisme, de manie révolutionnaire, de misanthropie à l'endroit du Gouvernement et de la Société. Il en voudrait au Gouvernement — mais celui-ci vient de créer à son intention une chaire au Collège de France. — Il en voudrait à la Société, — mais il a pour lui, avec le peuple et la jeunesse des Écoles, une partie du monde parisien : en 1843, la duchesse d'Elchingen se tiendra debout sur l'estrade à côté de Quinet. — On a prétendu qu'il ne fréquente que des révolutionnaires, — mais la duchesse d'Orléans lui a demandé de se charger de l'éducation du comte de Paris ; — qu'il est violemment anti-chrétien, — mais il vient de recevoir l'adhésion formelle de Tocqueville qui ne cache pas ses idées chrétiennes. Les vrais motifs qui ont animé Quinet et Michelet ne sont pas ceux-là ; on les trouve dans la situation de la France en 1840 et pendant les années suivantes. L'ordre matériel est rétabli, le ministère du 29 octobre et les députés qui le soutiennent sont satisfaits ; ils ont rejeté en 1842 la réforme électorale ; ils adhèrent à la politique d'entente cordiale avec l'Angleterre, alors combattue par les libéraux. Le catholicisme fait un retour offensif. Michelet exprime avec force les idées de tout un parti, qui reproche aux hommes de 1830, et spécialement au torysme français de 1840, de n'avoir pas vu l'Europe telle qu'elle est, d'isoler la France, de l'humilier par la ratification continue des traités de 1815 et de l'entraîner aux abîmes.

Dans la conclusion très courte qui forme la quatrième partie de la leçon, Michel indique que les questions controversées et délicates, qui faisaient l'objet des cours de Quinet et de Michelet, sont encore, à l'heure présente, posées comme autant de problèmes angoissants devant la démocratie. On sent que le ton s'élève. Il termine par la lecture d'une belle page de Quinet qu'il a souvent citée, et il écrit ce qui doit être la dernière phrase de la leçon : « Il y a, n'est-ce pas ? dans cette page, une note héroïque. La note héroïque retentit partout dans l'œuvre de Quinet et dans l'œuvre de Michelet. J'ai tenu à vous la faire entendre aujourd'hui ; elle est comme le motif directeur de l'hymne d'éducation que leurs voix fraternelles ont chanté à la gloire de la démocratie et de la liberté. » Et ceci est toute la part accordée à l'enthousiasme et aux idées générales ; le reste est de l'analyse ou de l'exposé historique. Toutes les leçons présentent le même caractère, il fallait en donner une idée pour faire connaître la manière d'Henry Michel.

Le seul écrit proprement historique qu'il ait publié, la note sur la Constitution de 1848, se réfère au cours de 1898-99 sur *1848 et l'avènement de l'idée démocratique*[1]. Cette année-là, il fait vingt et une leçons, qui ne sont pas autre chose que des leçons d'histoire, et de l'histoire la plus sévère, documentée aux sources inédites. Les sept premières, où est racontée l'œuvre du Gourvernement provisoire, fournissent les éléments d'un exposé impartial, complet, souvent nouveau. Parmi les treize suivantes, consacrées à l'étude de la Constitution de 1848, il y en a huit qui sont tout à fait nouvelles, parce que préparées avec des documents inédits : les procès-verbaux du Comité de Constitution et des délibérations des bureaux conservés à la Chambre des députés. En rapprochant ce texte précieux des souvenirs des contemporains, particulièrement de Tocqueville, Henry Michel a reconstitué toutes les étapes,

1. V. le *Bulletin* n° 2, mai-juin 1904, p. 41 à 56.

qui ont été longues et difficiles, de l'élaboration de l'œuvre constitutionnelle.

Le cours de 1898-99 n'a pas été rédigé plus que les autres : mais le professeur a conservé, avec le plan détaillé, toutes les notes, tous les textes, les références exactes dont il s'est servi. En cinq ou six semaines de travail, celui qui aurait à sa disposition ces précieux papiers rédigerait une histoire de la Constitution de 1848 qui serait absolument définitive et qui donnerait satisfaction aux exigences critiques les plus rigoureuses.

Il en va de même pour tous les autres cours. Ils existent sous la forme que j'ai dite ; ils attestent les qualités propres d'Henry Michel comme historien, et l'importance de ses travaux.

S'il avait chaque semaine dérobé seulement quelques heures au souci d'altruisme qui absorbait une part de son activité, pour rédiger la leçon qu'il faisait le mardi à la Sorbonne, il aurait tous les ans publié, sur des sujets d'histoire d'un intérêt tout à fait actuel, un ou deux volumes écrits suivant la meilleure méthode et qui auraient mis le sceau à sa réputation. Ceux qui apprécient un travailleur au nombre et au poids des pages imprimées ne se seraient plus étonnés de la rareté de sa production, et ceux qui jugent les œuvres à leur vraie valeur auraient éprouvé quelque surprise, et peut-être quelque chose de plus, à voir comment ce philosophe était devenu un historien de tout premier ordre.

Sur un sujet du moins, qui se rattachait aux préoccupations de toute sa vie, il a voulu faire un livre. C'est ce livre sur la loi Falloux, sur lequel tous ceux qui l'ont connu s'interrogent, et qu'ils attendent avec tant d'impatience. Il avait commencé d'en réunir la matière pour les cours de 1898-1899 et des deux années suivantes. Il y a toujours pensé depuis, il n'a jamais cessé d'en compléter la documentation, difficile à réunir et souvent inédite. Il en a commencé la rédaction en 1903, il la poursuivit pendant les vacances de 1904 qui furent très laborieuses. Il s'y était remis dès son retour à Paris au mois d'octobre. Il était alors en pleine maturité, en possession de tout son talent, qui n'avait jamais été plus souple et plus ferme ; il connaissait à merveille le sujet, pour l'avoir étudié à fond et l'avoir longtemps porté. Jamais il n'avait écrit avec autant de facilité, d'entrain, si j'ose dire, d'allégresse ; il écrivait encore, lorsque le mal, qui le minait sourdement, prit tout à coup un caractère grave, puis alarmant, et l'obligea, — ceux qui le visitaient alors savent après quelles luttes et au prix de quels regrets — de déposer la plume. Nul ne doutait que ce ne fût pour un temps assez court. Hélas ! il ne devait pas la reprendre. La rédaction de certains chapitres n'aura pas été portée au degré de perfection auquel il aspirait ; certaines conclusions n'ont pas été écrites. Mais le livre est fait, il sera publié, dès qu'on aura épinglé au texte, à la place où elles doivent s'accrocher, les innombrables notes qui justifient les affirmations et les commentaires d'Henry Michel. Commentaires sobres d'ailleurs. Je ne veux pas anticiper sur la publication de l'ouvrage ou le déflorer ; je crois cependant pouvoir dire que ce n'est à aucun degré un livre de polémique. C'est un livre d'histoire impartial et complet, nouveau, parce qu'il est écrit en partie au moins à l'aide de documents inédits, nouveau, parce que l'auteur, qui connaissait la question dans ses origines et dans son développement, a comparé l'œuvre propre du parti catholique, qu'on nous avait déjà et presque seule exposée, à celle des Constituants de 1848, qui fut une œuvre féconde et les a mises l'une et l'autre à leur vraie place. Tel qu'il est resté, tel qu'il sera livré au public, ce sera sur le sujet le livre définitif.

Henry Michel a dit quelque part, — si ce ne sont pas les termes, c'est du moins sa pensée — qu'on peut mesurer la place que nos morts ont tenue dans le monde au vide qu'ils laissent après eux. Le vide qu'il a laissé dans sa famille, dans son cercle intime, je l'ai mesuré, je le mesure chaque jour. Le vide qu'il a laissé dans la *Société d'Histoire de la Révolution de 1848*, vous l'avez apprécié déjà, vous le sentirez longtemps. N'est-ce pas chez lui rue Jouffroy que le Comité d'initiative tenait la réunion préliminaire, où fut décidée la fondation de la Société, et préparée la première assemblée générale, celle du 24 février 1904? Un an s'est écoulé; le décor du cabinet de travail n'a pas changé; les livres sont sur les rayons, les objets familiers aux mêmes places, les sièges disposés dans le même ordre; sur les tables, les portraits de ceux qui « ont tenu dans son cœur une si grande place[1] ». Les amis n'ont pas cessé de venir. Tout est pareil, — mais tout si différent! Le foyer est refroidi; la flamme qui l'échauffait s'est éteinte, Henry Michel est mort le 13 décembre passé.

Henry Salomon.

1. Henry Michel avait exprimé le vœu — et on s'y est conformé — qu'il fût fait, en ces termes, mention de ses amis sur la lettre d'invitation à ses obsèques.

L'ŒUVRE D'HENRY MICHEL[1]

UNE DOCTRINE IDÉALISTE DE LA DÉMOCRATIE

Un certain nombre d'esprits, dans le monde politique, semblent s'imaginer que le matérialisme a décidément cause gagnée, sur tous les points, dans le monde savant. Qu'un laïcisateur énergique se permette des déclarations de philosophe spiritualiste, ils s'en étonnent comme d'une inconséquence. Ils considèrent sans doute que la spéculation rationaliste n'a plus rien à faire avec l'art même de régler la conduite et que la seule morale qui convienne désormais à la démocratie est une morale positive, natu-

1. Voici la liste des publications d'Henry Michel : *L'Idée de l'Etat Essai critique sur l'histoire des théories sociales et politiques en France depuis la Révolution*, 1896 ; *La Philosophie politique d'Herbert Spencer*, Extr. du *compte rendu de l'Académie des Sciences morales*, 1892 ; *Le Quarantième Fauteuil*, 1898 ; *La Doctrine politique de la Démocratie*, 1901 ; *Notes sur l'Enseignement secondaire*, 1902 ; *Le centenaire d'Edgar Quinet*, 1903 ; *Herbert Spencer et Charles Renouvier*, Extr, de l'*Année psychologique*, 1904 ; *Propos de morale*, 1re et 2e séries, 1904. Une 3e série *de Propos*, parus dans le *Temps*, et une histoire de la *Loi Falloux*, presque entièrement achevée par l'auteur, ont été publiées depuis sa mort par les soins de ses amis.

raliste, en un mot « exclusivement et rigoureusement scientifique ».

Pour dénoncer les équivoques impliquées dans ces affirmations communes, nul n'aura plus fait que le maître jeune encore qui vient d'être si brusquement arraché dans les derniers jours de l'année 1904 à la science et à la politique : Henry Michel. Lorsqu'il sentit que la vie allait lui manquer, Henry Michel exprima le désir qu'un pasteur qu'il avait entendu naguère, M. Roberty, fût invité à prononcer quelques paroles sur sa tombe. Par où il ne songeait nullement à faire acte d'adhésion à une Église quelconque. Mais il voulait manifester publiquement son « horreur pour le matérialisme dit scientifique ». Il cherchait un moyen de prolonger un peu, par sa mort même, l'enseignement trop tôt interrompu de sa vie : il nous donnait en guise d'adieu une suprême leçon d'idéalisme.

Ce fut en effet une des originalités d'Henry Michel que la décision avec laquelle il avait refermé la main sur l'anneau idéaliste, dans un temps où le courant naturaliste en détachait tant d'esprits. Non qu'il dédaignât les réalités extérieures ; mais il entendait que l'humanité n'y restât point asservie, et que la force des choses fût gouvernée par l'énergie des personnes. En un mot il avait « foi aux idées »; il croyait à l'efficacité du monde intérieur, c'est-à-dire en dernière analyse à la liberté de l'homme. Bien qu'il se rappelât que Gambetta avait noué officiellemment une alliance — que pour sa part il croyait fâcheuse — entre la politique républicaine et la philosophie positiviste, il aurait dit volontiers avec M. Deluns-Montaud que Gambetta a été en philosophie un idéaliste, puisqu'il a « cru à la puissance de l'esprit humain, à la puissance de l'action, à la puissance du vouloir ». Henry Michel appartient donc moins à la race des idéalistes contemplatifs qu'à celle des idéalistes actifs.

De là ces rappels à l'action, ces apologies de la tension

intérieure, ces diatribes contre la philosophie paresseuse, qui passent et repassent dans les réflexions sur l'actualité qu'il écrivait pour le *Temps*. En quoi il rappelle — avec les différences de ton qui ne peuvent manquer de pasteur à professeur, et d'Américain à Français, — un des « professeurs d'énergie » qu'il a pratiqués avec le plus d'amour : Emerson. Quand revenait l'époque où le moraliste relit les agendas, dresse des bilans et des programmes, au moment du premier de l'an, il ne manquait pas de railler doucement la paresse morale que dénote, chez beaucoup de nos contemporains, l'habitude des souhaits qu'on se fait à soi-même, sans les accompagner du moindre effort personnel. On croirait, à les entendre « que les années, heureuses ou malheureuses, brillantes ou sombres, sont exposées derrière quelque vitrine mystérieuse, comme des jouets d'enfants, et qu'il suffit d'étendre la main pour décrocher celle qu'on a choisie dans son cœur... S'ils osaient, ils mettraient, à la Saint-Sylvestre, leurs souliers dans la cheminée, pour y trouver, à l'aube, une âme de rechange, pure et forte. Il ne serait peut-être pas mauvais de s'avouer qu'il n'y a ni Saint-Nicolas, ni père Noël dont la hotte renferme cet article... et que le seul moyen de l'avoir s'il nous fait envie, c'est de le façonner nous-même... L'année qui commence, toutes celles qui suivront, seront ce que nous les aurons faites. A nous d'y pourvoir. »

Mais il est à noter que cet apologiste de l'action ne se fiait nullement, pour nous sauver de nous-mêmes, aux « côtés nocturnes » de l'âme, aux tendances « irrationnelles » et « irraisonnées », aux « instincts sous-jacents » sur lesquels spéculent quelques-uns de nos plus notoires contemporains. Il n'était pas de ceux qui opposent la philosophie de la volonté et la philosophie des idées claires et distinctes. Il avait mesuré au contraire le prix de la réflexion coordinatrice. Il savait que pour être durablement efficace il importe que le monde intérieur soit organisé, forme un *cosmos* ; que les idées en d'autres termes doivent passer, pour gouverner l'histoire, de l'état d'instincts à l'état de doctrines. C'est pourquoi, sans doute, nul n'était mieux fait pour enseigner, avec plus de zèle pieux, avec plus de confiance en leur fécondité propre, l'*Histoire des doctrines politiques*. L'influence exercée sur leur formation par les différents milieux — objet des recherches du sociologue, — Henry Michel à vrai dire n'y accordait guère d'importance. N'est-ce pas un fait que « du jour où la méditation consciente s'empare des idées, elle leur fait subir une élaboration qui les transforme et, si j'ose dire, les dénature ? Les idées se vident en partie de leur contenu antérieur, quel qu'il ait pu être, pour recevoir et loger l'apport de la conscience morale et de la raison. L'idée parvenue à ce stade peut devenir et devient en effet doctrine, c'est-à-dire formulation précise d'un idéal auquel l'homme travaille à asservir le réel. Nous quittons ici le domaine du spontané, pour entrer dans celui de l'intentionnel, qui est le domaine propre de l'historien des doctrines politiques. Il nous met sous les yeux ce qu'il y a de plus *voulu* dans les sociétés humaines ».

Et quelle est la première conséquence de cette sorte de cristallisation des idées par la réflexion, qui nous met au clair avec nous-mêmes ? Ce n'est rien moins que l'activité, la tranquillité, la santé morales. « Ce sont les idées nettes qui font les consciences fermes. Et ce sont les consciences fermes qui font les caractères gais. » Paroles à méditer, aujourd'hui surtout que la psycho-physiologie retient de plus en plus notre attention sur les conditions matérielles de notre équilibre et de nos joies : il faut nous souvenir que nous portons en nous aussi un autre organisme, invisible, immatériel, et que, sur le rapport de ses parties entre elles, sur leur coordination, sur leur harmonie interne repose en dernière analyse l'assiette même de notre conscience. Être bien portant ce n'est pas seulement bien manger, c'est bien penser.

Cela est vrai des collectivités comme des individualités. Et c'est pourquoi sans doute notre moraliste s'attachait avec tant de piété à sauvegarder ce qu'il appelait l'esprit public de la France. « A toutes les périodes où règne l'esprit public on peut hardiment interroger les citoyens et leur demander : « Que poursuivez-vous ? Que considérez-« vous comme le but désirable de l'action ? » Ils répondront et leur réponse à tous sera pareille. » Ainsi ne suffit-il pas de vouloir : il faut d'abord travailler à savoir ce que l'on veut. Devenons seulement de plus en plus « conscients » ; portons plus haut, tenons plus ferme notre commune lumière ; et tant de « périls », de droite et de gauche, inventés par ces sinistres *muezzins* que sont les journalistes en quête d'alarmes, s'enfonceront dans la nuit...

Qui fait fonds, à tel point, sur la volonté éclairée des masses, on comprend que le souci de la société future le hante et qu'il vive comme penché sur le fil de l'eau. C'est pourquoi Henry Michel, dans ses libres causeries au *Temps* sur les réceptions académiques, ne craignait pas de gourmander vivement ceux que le respect du passé hypnotise et pétrifie. M. Thureau-Dangin parlait d'une « impression douloureuse de doute et d'avortement » que suggérait l'état présent de la France. « Avortement ? répond le critique. J'avoue ne pas saisir le sens de ce mot. Je vois des changements, des transformations. Je vois surtout des commencements obscurs et incertains d'une foule de choses dont on ne sait trop ce qu'elles deviendront. Je ne vois nulle part ni avortement, ni arrêt... Si M. Thureau-Dangin avait à quelque degré l'intelligence de la démocratie qui, d'illustres exemples le montrent, n'est pas incompatible avec les croyances religieuses, il ne parlerait certainement pas comme il l'a fait dans ce passage. Mais alors, il ne regretterait pas non plus de n'avoir pas vécu dans les temps abolis. Il se consolerait de vivre dans le sien, au milieu de cette société en travail qui cherche sa forme et sa loi, qui s'inquiète — et qui ne s'inquiète pas encore assez — de son devoir. Il n'aurait qu'un chagrin — irrémédiable celui-là — le chagrin que nous sommes probablement tous destinés à emporter avec nous. Nous ne maudissons pas la société nouvelle. Nous lui pardonnons ses misères... Nous lui pardonnons ses fautes... Nous essayons de l'avertir de son intérêt et de ses obligations... Mais parmi ces sentiments divers, celui qui domine peut-être, c'est le regret de ne pas savoir comment évolueront les germes semés, ni à quoi aboutiront tous ces commencements. »

Par cette noble hantise s'explique sans doute le culte spécial qu'Henry Michel avait voué à la jeunesse : « l'âge où l'on a encore une âme », c'est-à-dire l'âge où l'on n'est pas *mécanisé* encore par les habitudes, par les servitudes du monde, des partis, des professions, l'âge où l'on croit aux idées, où l'on cherche à se forger sa doctrine de la vie. Dès ses premières années de professorat, Henry Michel se tournait donc volontiers vers les jeunes. Plusieurs de ses élèves, du lycée ou de la Sorbonne, devinrent ainsi ses intimes amis. De combien de questions il les pressait, pour les forcer à préciser leur incertaine pensée ! Avec quelle ardeur de sympathie et de curiosité il se penchait en effet sur leur yeux ! Ne voulait-il pas y voir se dessiner par avance la figure de la société prochaine ! «Ah ! ceux qui viendront après nous ont de la chance ! Nous ne pouvons guère que pressentir le « nouveau monde », comme disait Fourier. Eux ils le verront, et le feront. » Ainsi, dans cette affection particulière qu'il montrait aux jeunes gens, — et dont il faisait preuve publique récemment encore par l'aide qu'il apportait à l'œuvre des *Jeunesses laïques*, — il est permis de relever non seulement un penchant naturel de son tempérament, mais une conséquence logique de son idéalisme actif.

A quelle doctrine générale de la conduite cet idéalisme

devait l'attacher, et quels conseils il en devait dégager pour la gouverne de notre démocratie, on l'aperçoit dès maintenant. Et en effet ce qui n'apparaissait d'abord que comme un moyen va se poser comme une fin en soi. Il importe que les idées règnent sur le monde; mais leur règne n'arrive que par l'effort des consciences qui cherchent à voir clair en elles-mêmes: rien ne sera donc plus respectable, rien ne devra nous être plus sacré que le libre effort de ces consciences. Les doctrines sont le miel de l'histoire; mais les consciences sont comme les abeilles qui composent ce miel: laissons-les donc voler au hasard, choisir les fleurs à leur guise, élaborer les sucs à leur façon. Sans quoi elles ne s'en nourriraient pas elles-mêmes, et tout leur butin resterait sans profit pour leur vie. L'âme ne vit d'une idée que lorsqu'elle se l'est intimement assimilée, c'est-à-dire lorsqu'elle l'a repensée et comme retrouvée par elle-même; en d'autres termes lorsqu'elle l'a choisie librement. En ce sens « la liberté est l'atmosphère nécessaire à l'éclosion des consciences ». Et si la démocratie veut être une association de personnalités humaines dignes de ce nom, il importe qu'elle soit avant tout une cité de consciences autonomes.

De ce point de vue il apparaît que la liberté de penser n'est pas seulement une pièce entre autres; c'est la pierre angulaire du système des libertés modernes. Elle ne se présente plus à nous « comme une sorte de conséquence ou de complément de la liberté politique, mais comme sa raison d'être »; elle constitue comme le réduit central de la démocratie. C'est ce dont il faudra nous souvenir lorsque nous chercherons à refaire, comme on dit, l'unité morale du pays. A ceux qui allaient répétant cette formule, Henry Michel proposait cette question préalable: « Dans quelle mesure, sous quelle forme l'unité morale est-elle désirable aujourd'hui? » Et il y répondait à peu près comme répondait de son côté M. Buisson: l'unité nationale d'aujourd'hui ne saurait exclure, elle implique au contraire les divergences individuelles, puisqu'avant tout elle doit respecter les libertés. Il n'y a plus désormais d'autre unité tolérable que dans et par la tolérance. Il n'y a plus, pourrait-on dire, d'autre « doctrine d'État » acceptable que celle qui nie toute doctrine d'État, et proclame, en lieu et place, les égales libertés de tous les membres du souverain. En deux mots c'est aux conceptions traditionnelles — aux conceptions « révolutionnaires » — du libéralisme individualiste que notre première réflexion sur l'idéalisme actif semblait nous ramener.

Il faut avouer qu'au moment où la pensée d'Henry Michel cherchait sa voie de ce côté, la mode qui régnait dans le monde savant ne prêtait guère à ce « retour ». Le mouvement enveloppant du progrès des sciences était en train de s'achever : le XIXe siècle s'efforçait, suivant la parole de Cournot, de « réintégrer l'homme dans la nature », de ramener les personnes à l'ordre des choses, de transformer le sujet de la science en objet de science à son tour. Et il semblait que le premier résultat des méthodes objectives ainsi appliquées fût précisément contraire aux postulats essentiels de l'individualisme. La science ne substituait-elle pas, à l'idéalisme libéral, un « réalisme nécessitaire » qui démontrait avec ampleur comment la société n'est qu'une excroissance de la nature, et l'individu un bourgeon de la société ? Renfort inattendu aux critiques dès longtemps accumulées, par les de Maistre et les de Bonald, contre l'illusion apriorique, l'ambition rationaliste, l'orgueil humain ; condamnation nouvelle, et à ce qu'il pouvait sembler condamnation définitive — puisqu'elle était formulée par la science même — de l'esprit de la Révolution.

Entre telles conclusions qu'on peut extraire des sciences — en particulier des sciences naturelles — et les principes posés par la Révolution française, Henry Michel ne songe pas à contester l'opposition. Rappelant, dans une polémique contre M. de Lanessan, les raisons pour lesquelles la démocratie surtout est intéressée au maintien d'un enseignement philosophique, qui « mette l'accent sur la conscience », il reconnaissait que « la Révolution française a légué à la démocratie une devise dont chaque terme voit précisément se dresser contre lui quelques-unes des données les plus saisissantes de ce qu'on appelle la science moderne ». Non qu'on ne connaisse, à dire vrai, des naturalistes qui restent individualistes : l'on sait assez par exemple que Spencer va jusqu'à dresser délibérément, pour la plus grande joie des libéraux orthodoxes, « l'Individu contre l'État ». Mais H. Michel pense avec Marion que le grand prophète de l'évolutionnisme anglais n'obtient ses conclusions qu'au prix d'une inconséquence : l'impulsion de son tempérament, les suggestions des partis politiques, la pression même de traditions antérieures, philosophiques ou religieuses, imposant une déviation, sur ce point précis, à la logique de son système. Il reste vrai que l'école naturaliste, livrée à sa tendance pure, travaille à étoffer le réquisitoire anti-révolutionnaire de l'école théocratique.

Mais est-il vrai que les arguments ainsi fournis soient en effet « scientifiques » ? et que, contre l'idéalisme révolutionnaire, ce soit la science même qui ait prononcé ? En y regardant de plus près ne s'apercevrait-on pas que nous avons à faire à une philosophie générale, à une théorie de l'univers et de l'homme, à une métaphysique enfin, pour l'appeler par son nom, qui n'aurait ni moins ni plus de force probante que la métaphysique des théocrates, — et qui n'en serait à vrai dire qu'une réincarnation ? Ainsi, pourrait-on dire, sous l'habit scientifique on retrouverait le moine... Et en effet c'est peut-être une illusion de croire qu'en pareilles matières on puisse finalement trancher les nœuds à coup de faits positifs : peut-être y a-t-il en ce sens, pour faire face à l'illusion apriorique tant de fois dénoncée au long du dernier siècle, une « illusion empirique » à laquelle nos contemporains ne prennent pas assez garde.

Par où il ne s'agit nullement de contester le prix de l'expérience, l'utilité des conseils qui se tirent, pour la direction de l'avenir, d'une étude objective et critique du passé. Passons condamnation sur les équivoques où la science sociale s'est trop longtemps attardée lorsqu'elle s'est efforcée de transposer, à l'usage du monde humain, les concepts acquis dans l'observation du monde animal. Imaginons qu'elle étudie objectivement en effet, et non plus à travers le prisme déformateur des analogies, les faits sociaux en eux-mêmes. Nul doute que la politique n'ait à tenir compte des résultats de ces études. S'il s'agit de découvrir les moyens à employer pour assurer, à tous les membres de ce qu'on appelle le corps social, leur droit à la subsistance ou leur droit à l'instruction, l'expérience seule, méthodiquement consultée, est capable de répondre : nul ne peut décider *a priori*, et en fermant les yeux sur les faits, des meilleurs procédés pour l'établissement de l'impôt, l'organisation du travail, la distribution de l'enseignement.

Mais s'agit-il de savoir d'abord si l'on reconnaîtra à tous les membres du corps social le droit à la subsistance ou le droit à l'instruction, ce n'est plus simple question de fait, c'est affaire d'idéal. Si l'expérience est nécessaire à la détermination des *moyens*, elle est insuffisante à la détermination des *fins* de l'activité politique. Et sur ce point les penseurs révolutionnaires n'avaient pas tort d'en appeler à l'intervention de la raison. Sans doute ils lui faisaient de trop larges emprunts, ils étendaient abusivement sa compétence lorsqu'ils dessinaient à grands traits, avec le secours de ses seules lumières, le plan de la réorganisation sociale ; pour fonder des institutions qui durent, il faut plus de souci des faits. Ce n'en étaient pas moins œuvres durables que celles d'un Montesquieu réclamant pour l'individu la libre et sûre jouissance de ses biens et de sa personne ;

d'un Rousseau répétant que tout citoyen doit pouvoir participer personnellement à la souveraineté publique; d'un Adam Smith protestant contre les entraves apportées à la liberté des travailleurs, d'un Kant déduisant enfin les droits universels de la personne humaine. Par ces proclamations — où se condensait d'ailleurs le meilleur de lointaines traditions morales — ils attiraient et fixaient, chacun à leur façon, l'attention des générations futures sur les droits de l'homme. Ils travaillaient à dresser au seuil du siècle commençant, pour qu'elle l'obsédât d'une sorte de religion rationaliste, la statue pensive de la personnalité. Désormais un idéal était sur pied, capable de juger les événements au passage et d'autoriser, pour la réforme progressive des institutions, les revendications démocratiques.

Elles sont d'autant mieux fondées à l'invoquer aujourd'hui que le libéralisme était loin d'avoir, à la fin du XVIIIe siècle, l'espèce de raideur et de sécheresse qu'on était accoutumé à lui prêter à la fin du XIXe siècle. Au rebours de ce qui arrive dans la nature, on constatera que ce fleuve d'idées va s'élargissant au fur et à mesure qu'on remonte plus près de sa source : la doctrine était manifestement plus ouverte et comme plus accueillante à ses débuts qu'elle ne l'a été par la suite. Dans la seconde moitié du XIXe siècle, il a pu sembler que l'individualisme consistait essentiellement en une sorte d'horreur sacrée de l'État. La crainte des « interventions » quelles qu'elles fussent, paraissait être à ses yeux le commencement et la fin de la sagesse. Les excès des libéraux et des économistes orthodoxes étaient sans doute appelés par les excès préalables des premiers socialistes, qui faisaient vraiment trop bon marché des libertés individuelles, tant spirituelle que politique. Mais il ne faudrait pas du moins imputer cette même étroitesse aux initiateurs du mouvement. Ne ne souvient-on pas, non seulement des greniers publics auxquels songeait Rousseau ou du système d'assurances mutuelles esquissé par Condorcet, mais du devoir d'éducation publique imposé par Smith à la collectivité, et du droit à la subsistance reconnu par Montesquieu à tout individu ? La phobie de l'État n'avait donc pas gagné encore les divers représentants de l'individualisme, ou du moins elle était contrariée et limitée chez eux par le souci même du droit humain et de ses garanties nécessaires, par ce qu'on peut appeler déjà le « sentiment de la solidarité »: s'ils n'admettaient plus l'État maître, ils admettaient volontiers l'État serviteur des libres individualités. D'où il suit, comme il arrive parfois, que le plus sûr moyen d'aller de l'avant en matière d'organisation sociale, c'est de revenir à la tradition véritable, et de ressouder « la chaîne d'or des rêves dont s'enchantaient nos pères ».

Mais Henry Michel n'avait pas seulement la joie, pour arc-bouter sa propre pensée, de retrouver une tradition ; sous ses yeux un système s'échafaudait, capable d'assembler à nouveau ces éléments traditionnels et d'en assurer la solidité par une unité supérieure. On ne se souvient pas assez qu'au moment même où la philosophie naturaliste, servie par le progrès frappant des sciences naturelles, séduisait la majorité des imaginations, une philosophie d'une inspiration toute différente se constituait hardiment, tablant sur la raison critique et sur la conscience morale : la philosophie de Charles Renouvier. Par sa partie destructive, par sa partie positive, par sa partie pratique enfin, elle était bien faite pour répondre aux desiderata de notre apologiste de *l'a priori* révolutionnaire. Et en effet, pour dissiper l'auréole du réalisme nécessitaire qu'on lui opposait, nul n'a plus et mieux travaillé que Renouvier. Faites attention, répétait-il, que cette personnalité prestigieuse, au nom de laquelle on formule le verdict, la Science, n'est nullement une science. On n'a pas vu, on ne verra pas une science positive absolue et totale de la réalité. Le déterminisme universel que l'on postule, bien loin d'être chose démontrée, est, à y bien regarder, chose indémontrable : ne faudrait-il pas, pour en venir à bout, réaliser l'infini actuel, — effort chimérique et condamné à se briser dans les contradictions ? Il n'est pas interdit de concevoir, dans le développement de l'univers, des « commencements de séries » et au premier rang de ces commencements possibles, les initiatives des personnalités humaines. Tout nous incite au contraire à opter en faveur de la thèse qui affirme leur liberté essentielle. La personnalité n'est pas un accident éphémère à la surface des choses : au vrai elle est le support de ce que nous appelons le monde : le principe organisateur de toute connaissance en même temps que le moteur de toute vie. Il importe seulement, pour que les hommes développent pleinement cette puissance qui est en chacun d'eux, et réalisent leur liberté, qu'ils cessent de s'entraver et de se dépraver les uns les autres pour une guerre incessante et multiforme ; qu'ils s'entr'aident au contraire à s'élever au-dessus de la nature ; que la « fin personnelle », identique chez tous, soit poursuivie par des « arrangements communs »: que les privilégiés mettent au service des déshérités « tous leurs moyens disponibles »; que « l'idée sociale » enfin s'ajoute, pour la rendre vivante et agissante, à l'idée individualiste.

Ainsi, du côté des applications pratiques, le néo-criticisme élargissait, comme du côté des principes théoriques il approfondissait la vraie tradition libérale. Dès lors Henry Michel a réuni tout son bagage : il se réjouira désormais, il s'enorgueillira d'être un disciple. Dans ce paysage de montagne il a trouvé la paix de l'âme, c'est-à-dire des raisons et une direction d'action. Au delà de cette assemblée de sommets qui sont les penseurs de la Révolution, il a aperçu, — surgi plus tard mais pour monter plus haut et dominer tout le décor — le pic neigeux du « personnalisme ». Désormais il peut descendre allègrement vers la vie pour inviter ses contemporains à lever les yeux, à leur tour, sur les montagnes rafraîchissantes.

Si l'on veut définir d'un mot le rôle qu'il a joué ainsi, sur le terrain de la morale politique, on dira que nul n'a plus contribué à rapprocher la tendance individualiste et la tendance socialiste, à rétablir entre elles les communications coupées, à dissiper les nuées d'équivoques amassées pour les séparer à plaisir. En ce sens, il a montré la voie à ceux qu'on appelle aujourd'hui les solidaristes. La partie théorique de leur doctrine, au moins sous sa forme initiale, leur tentative pour se guider sur des analogies organiques, en un mot, leur prétention naturaliste n'étaient point faites pour lui plaire. Mais dans la Déclaration des devoirs sociaux qu'ils entendent ajouter à la Déclaration des droits individuels, dans leur effort pour répartir plus justement les dettes et les créances, pour démontrer nécessaire et rendre possible sous des formes diverses l'intervention de la collectivité organisée, dans cette attitude morale enfin dont on dit quelquefois, pour la caractériser, qu'elle est « sympathique au socialisme », Henry Michel pouvait reconnaître plus d'une pensée qui lui était chère.

Non que la philosophie du socialisme classique, du collectivisme proprement dit lui fût « sympathique »: elle devait au contraire lui répugner de toutes façons, le heurter par ses trois pointes : par son matérialisme épiphénoméniste, par son déterminisme dogmatique, par son économisme utilitaire. D'ordinaire, n'est-on pas porté à réduire infiniment, dans ce système, la valeur propre des idées en les présentant comme des ombres ou des reflets, comme les lueurs projetées par le foyer, non comme la vapeur motrice de la machine ? La marche de l'histoire n'y apparaît-elle pas comme prédéterminée, et telle que le terme en doit être atteint à l'heure dite, fatalement, mécaniquement, après des concentrations de forces et des ruptures d'équilibre sur lesquelles la volonté humaine ne peut pas grand'chose ? Ne semble-t-il pas enfin que, pourvu que la « question d'estomac » soit réglée, tout le reste ne soit plus, aux yeux des collectivistes intransigeants, que détail secondaire et quantité négligeable ! Et ne font-ils pas preuve, en cela, de la même étroitesse de vues que leurs frères ennemis, les économistes orthodoxes, préoccupés de ne pas ouvrir leur science aux considérations morales ? Toutes tendances anti-idéalistes qui ne pouvaient que choquer le disciple de Renouvier.

Mais quelle que soit sa foi aux idées, il ne peut pas ne pas reconnaître, — et de plus en plus, à mesure que s'élargit son expérience — qu'il importe, pour qu'elles s'épanouissent dans les réalités politiques en même temps que dans la vie morale, que les circonstances matérielles s'y prêtent, et qu'en particulier le poids de l'organisation économique actuelle ne les écrase pas en germe. Est-ce dans le sens voulu, selon le gabarit et avec le marteau proposés par les socialistes, qu'il faut en effet redresser cette charpente ? Henry Michel attend pour en décider que les faits eux-mêmes aient été plus méthodiquement consultés. Mais, du moins n'exclut-il pas *a priori* et par une dédaigneuse fin de non-recevoir l'hypothèse des « socialisations » projetées. S'il se refuse à les tenir pour nécessaires, il les envisage nettement comme des possibilités. Du moins, semblera-t-il frappé, de plus en plus, de la partie critique des revendications socialistes, et avouera-t-il qu'il est tel minimum économique au-dessous duquel on ne peut sans ironie songer à l'éducation morale des masses : il faut parer d'abord à leur vie matérielle. C'est pourquoi, dans la brochure de propagande qu'il consacre à la *Doctrine politique de la Démocratie*, il demande que, pour qu'elle devienne vraiment une cité de personnes humaines, elle se préoccupe de garantir à tous, à côté du nécessaire moral, le nécessaire physique : s'il n'est nullement dans son programme, comme on le lui prête parfois, de tout uniformiser et de tout niveler, elle s'efforcera du moins légitimement de diminuer au point de départ les inégalités des destinées individuelles.

« La misère, ajoute-t-il, est par elle-même grande ennemie du développement humain. Elle exige, pour être supportée sans déchéance, une force d'âme qui brillera peut-être, par exception, dans quelques rares individus, mais qui ne sera jamais le partage de tous. L'homme qui n'a pas de quoi manger et de quoi s'abriter, l'homme qui ne sait pas si, même en voulant travailler et en cherchant du travail, il en trouvera demain ; l'homme qui se sent à la merci de tous les hasards, qui, d'un instant à l'autre, pour ne pas mourir de faim, et condamner au même supplice sa femme, son enfant, peut se trouver réduit à « vendre son âme », selon la forte expression populaire, forte parce qu'elle est vague, parce qu'elle implique une multitude d'acceptions, aussi diverses que les tentations mêmes qui affligent les désespérés, cet homme-là n'est pas proprement un homme. Il est une chose, un outil, qu'un autre homme prend ou laisse, à sa convenance. Le premier souci d'une démocratie doit être de faire, de cet outil, un homme. »

Henry Michel avertissait naguère la société républicaine, dans ses *Notes sur l'Enseignement*, qu'il serait dangereux pour elle de laisser glisser entre ses doigts « par mégarde, par insouciance, ou parce que le geste de les serrer lui semblerait dépourvu de grâce, quelques-uns des résultats conquis dans cette série de crises émancipatrices qui commence avec la Renaissance, se continue par la Réforme et aboutit (je ne dis pas se termine) aux Révolutions d'Amérique et de France ». Dans le *Quarantième fauteuil*, attirant l'attention sur la croisade académique, sur la petite fronde qui débutait alors au Palais Mazarin, il disait encore : « Il est grand temps que tous ceux qui tiennent à la liberté sous toutes ses formes, à la liberté politique, à la liberté de la pensée et de la croyance, à la liberté de l'effort pour le progrès social s'appliquent à un travail de consolidation. Tels des mineurs qui, avec une belle insouciance, ont tiré du minerai, sans s'occuper de « boiser ». Pour les décider au labeur ingrat du « boisage » il faut une menace d'éboulement. Ecoutez bien : Vous percevrez les bruits avant-coureurs ». C'est pourquoi il prenait la peine, pour sa part, de réfuter méthodiquement les élégants sophismes par lesquels celui-ci se déclarait incapable de « juger l'Empire », celui-là justifiait le 2 décembre comme « une opération de police un peu rude » tandis que plusieurs autres démontraient à l'envi « la banqueroute de la Révolution ». Contre cet « esprit nouveau » il travaillait à ressusciter, dans ses cours, ou dans ses conférences publiques, l'âme enthousiaste des Michelet et des Quinet. Mais notre critique devait bientôt se rendre compte qu'il n'est rien de tel pour consolider les idées que de bâtir dessus : le plus sûr moyen de « serrer », de tenir ferme une théorie c'est de la manier comme une truelle. Aussi le verra-t-on de plus en plus rappeler la « jeunesse » de la Révolution, et qu'elle n'a pas tenu toutes ses promesses encore, et qu'il est temps qu'elle les tienne, si elle veut se conserver l'âme du peuple. Que l'individualisme s'ouvre donc résolument aux légitimes revendications du grand nombre. « On ne fera plus rien sans les masses, ni contre elles. » « La démocratie ne nous fait pas peur. Elle n'est plus pour nous un épouvantail. Nous ne sommes plus une société bourgeoise qui cherche à limiter le plus possible la part de la démocratie en voilant l'égoïsme de ses calculs sous le masque de la prudence. Nous sommes une société démocratique qui s'accepte comme telle et se croit tenue de se développer dans le sens où la poussent son histoire, le système d'idées générales qu'elle a fait sien ; nous sommes une société démocratique qui veut devenir de plus en plus démocratique. »

Quels avertissements, quelles leçons, quelles « vérités » précieuses ce sentiment démocratique inspirait à Henry Michel, il suffit pour s'en rendre compte de relire la collection de ces *Propos de morale* qu'il écrivait au jour le jour, pour un public, en majeure partie composé par la bourgeoisie libérale. C'est merveille de voir tout ce que le journaliste y « faisait passer » d'idéalisme généreux, sans crier gare et sans effaroucher personne. C'est qu'il n'éprouvait jamais le besoin de grossir la voix ni de prendre ces airs de violence auxquels les *leaders* d'aujourd'hui, de plus en plus, nous accoutument. Ceux qui sont vraiment forts n'ont pas besoin de grands gestes pour prouver leur force : elle est sensible à l'air de n'y pas toucher avec lequel ils manient le premier objet venu. Ainsi, dans les réflexions méthodiques auxquelles le provoquait la moindre actualité, se manifestait la puissance de la haute doctrine qui avait comme charpenté sa conscience.

Veut-on un exemple des leçons inattendues qu'il savait extraire délicatement des spectacles les plus menus ? Qu'on relise la jolie page consacrée aux mouettes du lac Léman. Les unes passent leur vie à escorter les bateaux à vapeur avec persévérance, comptant sur les morceaux de pain que leur jetteront les voyageurs. D'autres ne se détournent même pas lorsqu'on passe auprès d'elles : elles pêchent, assises sur l'eau, comptant sur leur seul effort pour gagner la nourriture du jour. « Comment s'est fait le départ entre les unes et les autres ?... Je m'imagine, je ne sais pourquoi, qu'il y a, chez les mouettes aussi, des âmes indépendantes nées pour la sauvagerie et pour la liberté, et d'autres moins bien trempées, qui se domestiquent à plaisir, pour une bouchée de pain. Ce sont ces mouettes-là qui volent autour des bateaux et se trémoussent, et font dans l'air leurs culbutes agiles. Et je les plains, car il leur arrive de se donner tout ce mal en pure perte. Peut-être les autres aussi jeûnent-elles quelquefois, quand le poisson se cache au plus profond du lac. Mais elles jeûnent avec honneur. Elles ne se sont pas diminuées par des complaisances, d'ailleurs gratuites, pour le touriste indifférent.

« Est-ce vraiment la peine d'être une mouette, d'avoir une aile puissante faite pour les longs voyages, les entreprises ardues, les poursuites difficiles, si l'on réduit son ambition à quêter quelques croûtes de pain ? La fatigue n'est pas moindre, le succès n'est pas plus assuré. En revanche, il y a diminution de soi-même.

« Et l'on se demande s'il faut jeter du pain aux mouettes du lac ou, par une froide abstention, leur donner la leçon de fierté dont elles ont besoin. Allons ! jetons-leur encore du pain, nous tous qui ne sommes pas bien sûrs de ne pas faire un peu comme elles. » — Quelle critique plus discrète, mais plus cinglante, du « quémandage » universel, et de ce système de « recommandation » à tous les étages qui est en train, si l'on n'y prend pas garde, d'avachir notre démocratie ?

Parfois le ton est plus grave. Lorsqu'il s'agit des exécutions capitales ou des combats de bêtes, des abus « coloniaux » ou de la « question du sixième », le philosophe ne peut s'empêcher de plaider ou de requérir : il rappelle qu'il faut enfin, en soi-même et chez les autres, dans la vie nationale non moins que dans la vie individuelle, et au dehors aussi bien qu'au dedans, respecter effectivement l'humanité, qu'il est temps d'instiller de plus en plus de morale dans la politique, de plus en plus de charité dans la justice, et de réunir, comme eût dit Rousseau, les deux têtes de l'aigle, trop longtemps séparées par les préjugés, sinon par les calculs de classe.

La hardiesse tranquille des conclusions auxquelles le mène ce souci de la « justice élargie et attendrie », on la mesurera en relisant ce passage sur les résultats actuels, — peut-être inévitables, au moins à titre de transitions — du « Kantisme populaire » : « Les moralistes travaillent, depuis quelque temps déjà, à convaincre l'individu qu'il a une valeur propre. Et le premier fruit de ce Kantisme populaire est que chacun se persuade qu'il aurait bien tort d'aller se faire casser les os à l'autre bout du monde, quand il n'est pas impossible, avec un peu de savoir-faire et beaucoup de protections, de devenir cantonnier, facteur ou agent commissionné d'une compagnie de chemins de fer. Je ne dis pas du tout que ce soit là le but visé par la prédication morale du XVIIIe et du XIXe siècles. Mais nous sommes payés pour savoir que les idées se répercutent souvent de façon fort imprévue dans les têtes qui ne comprennent pas tout. Au surplus, je ne pense pas qu'ils soient complètement dans l'erreur tous ces petits et tous ces humbles qui ne veulent plus être, comme leurs ascendants, de la chair à canon, qui ne veulent plus haleter et s'user en des misères fécondes, peut-être, pour la richesse publique, ou pour le nom français, mais profondément douloureuses à ceux qui les subissent.

« Il y a un progrès ultérieur à concevoir et à poursuivre. On peut tâcher d'amener un jour tous les hommes à comprendre qu'il faut faire de leur indépendance conquise, de leur personnalité retrouvée un usage plus généreux, plus magnanime que celui où un si grand nombre d'entre eux se complaît à présent. Mais qu'ils aient la perception nette de leur droit à vivre, fût-ce chétivement, cela déjà est un progrès. »

Ainsi, Henry Michel commentait à sa façon le mot profond de Vinet : « Pour se donner il faut d'abord s'appartenir. » Pour que nous lui demandions légitimement de se mettre au service d'un idéal, il faut avant tout que le peuple soit son maître. On n'a pas le droit aujourd'hui, sous prétexte qu'il en mésuserait peut-être, de lui refuser la liberté, autant qu'il est en lui, de choisir sa vie.

Assurer la liberté réelle des masses elles-mêmes, c'est

donc bien, en dernière analyse, la plus haute tâche qui s'impose à notre temps. En s'efforçant de l'accomplir, la France d aujourd'hui ne fera qu'être fidèle à ses traditions désormais consacrées, aux idées qu'elle a faites siennes, et que les autres pays s'accordent à reconnaître comme les idées caractéristiques de son génie.

Et ainsi l'individualisme épuré servira d'aliment à la flamme élargie du patriotisme moderne. « Cette patrie à laquelle le citoyen d'une démocratie est si filialement attaché, il ne l'aime pas seulement dans son corps, je veux dire dans son sol et dans ses frontières. Il l'aime aussi dans son âme, dans son idéal moral... Voilà, disait fièrement Henry Michel, notre conception de la patrie : elle ne redoute la comparaison avec aucune autre. »

Henry Michel pouvait parler sur ce ton. Si l'on relit son œuvre pour en juger l'ensemble et en suivre le progrès, si l'on reprend contact, à travers l'élégante clarté, la netteté attentive, la loyauté de son style, avec la générosité profonde et l' « humanité » qui l'animaient, on conviendra sans doute que dans ce cerveau et dans ce cœur le meilleur de la raison française s'était incarné.

C. Bouglé.

UN MORALISTE[1]

Les lecteurs de notre journal — j'entends les vrais lecteurs, ceux qui le lisent, et non ceux qui le parcourent seulement pour y chercher les nouvelles du jour — se rappellent avec plaisir et regret le temps où, chaque semaine, une plume fine et ferme, spirituelle sans préciosité, éloquente sans emphase, émue sans sensiblerie, profonde sans obscurité, savante sans pédantisme, dégageait des menus événements de la vie publique de brèves leçons de morale et de philosophie politique et sociale. Ces *Menus propos* étaient des chroniques d'un caractère original. L'anecdote, vivement et brièvement contée, n'y figurait pas pour elle-même et pour amuser un instant le lecteur : elle était un texte à méditation et à réflexion, l'occasion d'une causerie familière et sérieuse à la fois, où la bonne grâce souriante du moraliste évitait le ton doctrinal et l'allure sermonneuse autant que le paradoxe ou la blague frivole. Henry Michel, qui avait pendant longtemps tenu une des premières places dans notre journal comme collaborateur politique, qui y avait, en particulier

1. *Propos de morale*, 3e série, Hachette, 1905.

traité toutes les questions d'instruction publique au moment de la grande refonte de notre enseignement primaire, secondaire et supérieur, avait restreint sa collaboration au compte-rendu des réceptions académiques et aux *Menus propos*, quand la chaire d' « histoire des doctrines politiques », créée pour lui à la Sorbonne, absorba la plus grande partie de son activité intellectuelle. Mais si l'historien philosophe, qui avait consacré à l'*Idée de l'État* un ouvrage magistral, grandissait chaque jour en autorité, il restait pourtant foncièrement un moraliste. Il tenait, avec raison, à continuer ces *Menus propos*, où il exprimait sans prétention ce qu'il y avait de plus essentiel dans sa conception de la vie, et où l'on découvre une profonde unité de vues à travers la variété des causeries. On vit tout ce qu'elles avaient de substance et de portée, quand il en réunit deux volumes sous le titre : *Propos de morale*, et nous sommes reconnaissants à la main pieuse qui vient d'ajouter un troisième volume aux deux premiers.

Nous ouvrons ce volume avec un serrement de cœur, car Henry Michel nous a été enlevé sans avoir achevé son œuvre ni rempli tout son mérite, au moment même où il était en pleine maturité de talent et de pensée, et où il allait tirer de beaux livres de ses cours à la Sorbonne, si fortement étudiés, si riches de faits et d'idées. Ses *Propos de morale* le font du moins revivre tout entier à nos yeux, tel que nous le voyions encore aux vacances de 1903, avec sa belle figure fine et réfléchie, toujours éclairée d'un sourire de bonté, judicieux, généreux et hardi tout ensemble, l'intelligence et le cœur ouverts à tous les progrès, à toutes les idées d'avenir, mais ne les acceptant que lorsqu'il les voyait fondés en raison, et mettant le calme et la modération d'un sage à défendre des réformes parfois presque révolutionnaires. Il avait surtout, et c'était un des plus grands charmes de sa nature, cette gaieté de l'esprit dont il a si délicieusement parlé dans un de ses plus jolis *Propos*, cette gaieté de l'esprit « qui survit aux altérations passagères ou même durables de la santé... se vengeant des déceptions du corps en déployant son indépendance et sa souplesse ». Il avait été déjà, en 1903, gravement atteint dans sa santé, et c'était merveille de le voir conserver, en dépit des souffrances, l'alacrité de son esprit et l'équilibre de son caractère.

Un livre comme celui que nous annonçons échappe à l'analyse par la variété même des sujets qu'il traite. On y passe de la découverte de trésors plus ou moins chimériques à la liberté athénienne, du pacifisme aux cinématographes, de la poste aux lettres aux droits des femmes, des costumes des souverains aux cadeaux de noce, de la psychologie de l'araignée aux fondements de la morale. Il est possible néanmoins de discerner l'inspiration fondamentale de ces bluettes sérieuses et ce qui distingue Henry Michel de la plupart des moralistes.

On donne le nom de moralistes à des catégories très différentes d'écrivains et de penseurs. Les uns sont avant tout des psychologues qui analysent les sentiments et les mœurs des hommes dans un esprit d'ironie chagrine ou moqueuse. Que La Rochefoucauld grave en hautaines et brèves maximes les amères expériences d'une grande âme pareillement déçue dans l'ambition comme dans l'amour ; que La Bruyère amuse les loisirs d'une demi-domesticité princière en burinant les portraits des originaux qui ont défilé à la cour et à la ville sous son regard malicieux ; que Chamfort nous conte les mordantes anecdotes où ce roué révolutionnaire met à nu le néant de la société frivole, charmante et dépravée de l'ancien régime, nous sortons de la lecture de ces satires égayés ou attristés, mais sans autre impression que celle de l'incurable vanité et de l'incorrigible méchanceté de l'animal humain. Des moralistes plus doux et plus bienveillants, comme Joubert, se contentent, eux aussi, d'analyser, mais avec une indulgence mélancolique et une finesse plus subtile, les replis les plus secrets du cœur et les ressorts les plus délicats de l'esprit de l'homme, sans autre but que le plaisir même de l'analyse. D'autres, au contraire, étudient la nature humaine avec une intention de prédication et de démonstration, qu'ils se fassent comme Machiavel les apologistes, ou comme La Boëtie les adversaires de la tyrannie, qu'ils prétendent comme Pascal prouver la vérité du christianisme, ou enseigner comme Vauvenargues un stoïcisme attendri, ou comme Amiel l'association paradoxale d'une foi morale presque enthousiaste avec un bouddhisme métaphysique presque nihiliste, ou comme Nietzsche le renversement de tous les principes traditionnels de la morale.

Henry Michel ne s'attardait pas, comme Joubert, aux subtilités de l'analyse psychologique ; il n'apportait ni amertume, ni esprit satirique, ni mélancolie élégiaque à l'étude de l'âme humaine ; il ne se posait ni en docteur, ni en prédicateur, ni surtout en génie original qui prétendrait, comme un Nietzsche, avoir découvert dans le cœur humain des *terræ incognitæ,* et fonder sur des bases toutes nouvelles la psychologie et la morale. Il ne croyait pas qu'en morale, le désir de dire des choses neuves fût très favorable à la recherche honnête de la vérité. Il disait, au contraire, avec une courageuse modestie : « C'est faire un méchant compliment au moraliste que de louer son originalité ». Et il ajoutait même, non sans quelque exagération : « Chacun a pensé ce que je pense, et beaucoup l'ont déjà dit. Je le redis à ma manière ; d'autres le rediront à la leur. Est-ce notre faute, si l'homme ne change pas ? » La philosophie morale d'Henry Michel était une philosophie sociale. Ce n'était pas l'homme isolé qu'il étudiait, avec une curiosité égoïste de psychologue, c'était l'homme en société qu'il considérait, et à qui il voulait suggérer les meilleurs mobiles d'action. Il estimait que le bon sens était la qualité essentielle de l'observateur et du donneur de conseils ; non pas un bon sens terre à terre qui n'est bien souvent que l'attachement traditionnel à des habitudes ou à des lieux communs, mais un bon sens aiguisé et élevé qui n'est autre chose que le sens du réel, du possible et de l'idéal, et l'intelligence des moyens par lesquels le progrès peut s'accomplir en dirigeant notre action du réel vers l'idéal par les chemins du possible. Henry Michel portait à l'homme, à tous les hommes, à toutes les manifestations de l'activité humaine un intérêt fraternel ; il les étudiait sans esprit ni de complaisance ni de dénigrement, tâchait à les voir au vrai et à discerner les moyens de les diriger vers le mieux. Si je cherchais un moraliste à qui le comparer (je ne dis pas à l'égaler), c'est à Montaigne que je le rattacherais, à Montaigne, que les partis pris apologétiques de Pascal ont fait classer à tort parmi les sceptiques, et qui était simplement un observateur clairvoyant, un conseiller sage et indulgent, un ami décidé et prudent de tous les progrès. C'est aussi ce qu'était Henry Michel. Il était un homme moderne dans toute la force du terme. Rien ne l'effrayait dans les tendances de notre société démocratique ; il ne redoutait pas d'être taxé de pacifisme, de féminisme ou de socialisme ; il n'avait à aucun degré la superstition des fausses grandeurs ; ni les cérémonies traditionnelles, ni les costumes d'apparat, ni les conventions monarchiques, aristocratiques ou diplomatiques ne lui imposaient, et il ne se faisait pas faute d'en mettre en évidence les inconvénients ou les ridicules ; mais il ne signalait pas avec moins de clairvoyance les dangers de certaines tendances modernes aveuglément suivies, les côtés chimériques des doctrines pacifistes, féministes ou socialistes prises pour articles de foi, les vices particuliers qu'engendrent les sociétés démocratiques, les illusions de ceux qui font de la science une idole, et croient pouvoir en faire une maîtresse de morale.

On trouvera tout ce que j'indique ici, ce don d'observation, cet amour raisonné du progrès, cette intelligence lucide du passé, du présent et de l'avenir, intelligence d'historien et de philosophe à la fois, cette absence de parti pris, de fétichisme pour les mots ou pour les choses, à toutes les pages de cet aimable livre, dont on a classé les morceaux sous quatre rubriques qui correspondent bien aux préoccupations naturelles de Michel : l'histoire (« Au fil de l'histoire ») ; la politique (« Mœurs démocratiques ») ; l'enseignement (« Questions d'éducation ») ; la philosophie morale (« A l'école de la vie »).

Que de pensées, de points de vue intéressants, de pages charmantes ou fortes on pourrait y signaler ! J'ai dû laisser de côté les piquants morceaux où l'humoriste s'amuse et semble sur le point de faire la nique au moraliste, le plaidoyer en faveur de l'inexactitude des horloges, ou l'article sur la municipalité « renaniste » de Tréguier, pour m'occuper surtout de ceux où apparaît le plus nettement la personnalité morale d'Henry Michel. Voulez-vous un exemple de la vigueur avec laquelle il critique, en historien et en philosophe, certaines habitudes traditionnelles ? Lisez ce morceau sur la chasse :

« Cet anachronisme aurait dû disparaître avec tout l'ensemble des institutions et des mœurs privées et publiques auxquel elle s'adaptait. Voyez la chasse telle que les Gaulois la comprenaient et la pratiquaient. C'est pour eux, au dire d'Arrien, une manière de servir la divinité. La chasse ressemble à la guerre. Elle y ressemble par les rites dont elle s'accompagne. Les trophées de chasse sont dédiés aux dieux comme les trophées de guerre... On peut soutenir que la chasse est un aspect, une forme de la vie morale de nos lointains ancêtres, Mais, aujourd'hui, à quoi sert-elle ? Nul n'oserait la défendre autrement que comme un sport, une distraction, un exercice hygiénique. L'hygiène a des droits que je ne méconnais pas ; elle n'a pas tous les droits. Il est permis à l'homme de se distraire, et cela même lui est bon. Encore faut-il choisir entre les moyens qui ne se valent pas tous. S'il en est d'innocents, il en est d'affreux... Quant à l'adresse, s'il est naturel de chercher à la développer, tous les sports ne sont pas également licites. Faut-il donc, pour que l'œil acquière de la précision, pour que le doigt acquière de la sûreté, pour que la jambe devienne agile, faut-il des cibles vivantes et bondissantes ? faut-il du sang ? faut-il des agonies ?... Un temps viendra où les hommes ne pourront plus comprendre que cette pratique ait subsisté si longtemps. »

Ou encore cet autre morceau, à propos de quelques libres penseurs du Midi, qui avaient saccagé une église pour se venger du refus d'un curé de laisser faire leur première communion à des gamins irrévérencieux :

« La première communion n'est pas seulement un rite religieux ; c'est, en quelque sorte, un rite social. A la longue, l'habitude aidant, le peuple en est venu à se persuader qu'il faut avoir passé par là. Tout le monde fait sa première communion : mon enfant doit la faire. S'il ne la fait pas, il n'est pas complet ; il lui manquera quelque chose. Il se trouvera en état d'infériorité par rapport à ses camarades. Ce n'est pas seulement le ciel qui lui en voudra, c'est la société elle-même. Elle exige que tous soient pareils. Honte aux singuliers, aux isolés, aux non conformistes ! On est socialiste révolutionnaire, anarchiste, s'il le faut. Mais on tient, avant toute chose, à être « comme les autres ». La tradition pèse de tout son poids séculaire sur les pauvres gens qui ne s'en doutent pas, mais qui n'en sont pas moins les témoins vivants de son empire — témoins et victimes ».

Henry Michel ne se contente pas de critiquer l'esprit aveugle de tradition ; aussi sage, aussi judicieux que Stuart Mill, même en ses hardiesses, il regarde d'un œil confiant vers l'avenir, vers cet avenir « où le droit de la femme, en ascension régulière au siècle dernier, trouvera sa formule adéquate », en dépit du Code civil et des Comtistes ; où « le secret diplomatique, si contraire aux exigences de la conscience moderne », ne sera plus invoqué « pour couvrir les gaffes des chancelleries » ; où tout le monde reconnaîtra qu'un Carnot ou un Mac Kinley s'acquittent, sans préparation héréditaire, du « métier de roi » avec autant de maëstria qu'un Romanof ou un Hohenzollern ; où l'habit noir de Lanfrey aura autant de prestige que les costumes de généraux ou d'amiraux qu'échangent entre eux les souverains ; où les espérances des amis de la paix, que les traditionalistes polis traitent de chimères et les autres de mensonges, seront devenues des réalités souveraines. Jamais l'idéalisme caché sous le bon sens pratique d'Henry Michel, cet idéalisme qui allait jusqu'à prendre un intérêt sympathique aux expériences communistes des libertaires du « Milieu libre » de Vaux, ne s'est exprimé plus éloquemment que dans son article des *Pacifiques* :

« La grande erreur des personnes qui ne croient qu'à ce qu'elles voient et à ce qu'elles touchent, est de se persuader que lorsqu'elles ont fait la somme de leurs observations, elles savent tout ce qu'il est possible de savoir. En réalité, elles ne savent presque rien, puisqu'elles ignorent tout ce qui ne se touche ni ne se voit, mais compte tout de même. Il est fort possible qu'après une période de temps dont nul n'oserait fixer l'étendue, les matérialités de la guerre russo-japonaise apparaîtront comme étant sans portée, au prix de quelque fait, jugé aujourd'hui de minime importance, — tel qu'un toast de pacifiques. Mais ce fait aura été un symbole timide de l'opération latente qui aura fait passer les hommes, de leurs idées actuelles sur les relations de peuple à peuple, à leurs idées futures... Les voies de l'avenir sont mystérieuses. Et tous les philosophes, tous les publicistes qui ont essayé de les sonder du regard se sont trompés, sauf les chimériques et les visionnaires... Les réalistes font l'histoire du jour, et quelquefois celle du lendemain. Seuls, les grands idéalistes savent lire à distance dans le livre des destinées. Au bout de quelques siècles, leurs rêves finissent par avoir raison de la raison elle-même, ou du moins de ce que les esprits incapables de rêve appellent la raison. »

Cet idéaliste n'était toutefois pas un rêveur ; c'était un homme d'action, aux yeux de qui les adversaires vraiment malfaisants n'étaient pas les traditionalistes violents, qui du moins luttent pour ce qu'ils croient la vérité, mais les amis de la paresse intellectuelle et du pococurantisme, un homme d'action qui savait le prix des petites choses, des petites réformes :

« Le grand obstacle aux menus progrès, dit-il, ce n'est pas tant la résistance des choses, que l'idée que nous nous en formons par avance, notre imagination, notre crainte des responsabilités et ce respect humain qui nous porte à considérer un mince échec comme un grand malheur... Combien la vie publique serait plus facile et plus agréable, si une génération énergique prenait à tâche de corriger certains abus, dont tout le monde gémit, et que personne n'ose attaquer de front ! Non pas que la paix absolue se trouvât au bout de cette voie. Il n'y a pas de paix absolue qui soit compatible avec la liberté, et tant que nous serons libres, nous devrons militer. Mais il dépend de nous de rendre plus acceptables les conditions de la lutte, et c'est à quoi nous ne songeons pas assez, faute d'avoir pris la vraie mesure des abus et des maux dont nous souffrons. C'est une fois qu'ils sont à terre qu'on voit combien ils étaient petits. »

C'est à propos d'un progrès bien insignifiant, la limitation de l'affichage électoral, que Michel écrivait ces belles et profondes paroles, et il n'est pas un de ces petits articles où l'on n'admire avec quelle aisance toute socratique il savait élever sans effort les plus petits incidents de la vie quotidienne, y discerner l'idée, la force spirituelle, bonne ou mauvaise, dont ils étaient le résultat et l'expression. Les trois volumes de *Propos de morale* sont une démonstration constante de la puissance irrépressible des idées.

« Le vrai Dieu, le Dieu fort, est le Dieu des Idées. »

Ce vers de Vigny pourrait servir d'épigraphe à ces volumes, comme à la vie d'Henry Michel.

Je voudrais avoir le temps de faire ressortir dans la partie du troisième volume consacrée à l'éducation, les observations si fines et si justes que suggèrent à Michel les cantines scolaires, le travail manuel au lycée, l'école Jules-Ferry, le concours général, le développement de l'imagerie enfantine, etc. Toujours il ramène l'éducation à deux principes : la culture de la volonté et le culte des idées ; car toujours, chez lui, l'homme d'action et l'idéaliste se donnent la main. Mais je préfère citer encore un dernier passage où Michel historien indique aux historiens leur véritable tâche :

« On n'a pas encore essayé de faire une histoire vraiment intelligente et pénétrante de l'humanité. A la vieille histoire-batailles, à la vieille histoire-conquêtes, on a substitué seulement l'histoire de la civilisation et des institutions. A cette histoire-là, il faudrait en substituer encore une autre : l'histoire des idées qui cheminent de façon souterraine, et qui expliquent les institutions elles-mêmes. Or, si cette histoire des idées s'attachait à découvrir leur genèse, on serait étonné de voir combien faibles et chétifs ont été les commencements des plus grandes choses. L'homme dit raisonnable, si on les lui avait signalés sur le moment, aurait haussé les épaules, et juré que de cette pauvre source, rien ne pouvait sortir. Il en est sorti tout ce qui fait le prix de la vie. »

Il y a là une vue précieuse et vraie, à la condition qu'on ne veuille pas « substituer », mais « ajouter » cette nouvelle histoire aux autres, qui ont toutes leur légitimité, et aussi qu'on n'oublie pas que les sentiments, le « caractère » jouent dans l'histoire des peuples un rôle aussi capital que dans la destinée de chacun de nous. Cette histoire des idées directrices de l'humanité, Henry Michel en traçait les linéaments dans ses cours de la Sorbonne. Nous ne pouvons nous consoler de l'avoir vu arraché à cette noble tâche, alors qu'il l'avait à peine ébauchée.

Gabriel MONOD.

de l'Institut.

(*Le Temps*, août 1905.)

HENRY MICHEL

A une date où l'on se préoccupait moins qu'aujourd'hui de rendre plus intimes les relations des professeurs et des élèves, Henry Michel reçut une lettre où était exprimé ce souci. Puisque l'État, lui disait-on, prend une part croissante à l'éducation des jeunes gens, il assume à leur égard une responsabilité croissante ; leurs échecs, comme leurs succès ; leurs vices mêmes, comme leurs qualités, dépendent en partie des directions qu'ils ont reçues : il est donc naturel que l'État suive dans la vie ses pupilles, et détourne de leurs têtes les coups d'un destin dont il est l'artisan. Et l'on imaginait, entre maîtres et élèves, un échange périodique de lettres, dans lesquelles les uns feraient connaître leur sort, que les autres, au besoin, tâcheraient d'améliorer. A l'exposé de ce plan, Henry Michel répondit :

« Je retiens votre idée sur la contre-partie morale que l'*État* (dites-vous) devrait fournir à ceux auxquels il donne déjà le savoir. Mais cette *correspondance* (dans tous les sens du mot) que vous imaginez entre l'instituteur, le maître à tous les degrés, et les élèves, rien n'empêche qu'elle s'organise, tout conseille et commande même de l'organiser dans la limite des bons vouloirs et des forces individuelles.

Tâchons-y, chacun de notre côté. C'est bien encore le seul mode pratique. Tout ce qui se ferait *par ordre* serait, en ce genre, bien insuffisant, bien défectueux, bien froid. Et il faut le dire aussi : parmi ceux qui enseignent, à l'école, au collège, à l'Université, tous ne sentent pas au même degré, tant s'en faut, la nécessité de cette action morale, et tous ne sont pas également destinés à la donner. »

En écrivant ces lignes, il définissait lui-même la mission qu'il s'était assignée, l'œuvre que, dès son entrée dans l'Université, il avait entreprise, et à laquelle, jusqu'au dernier jour, il a consacré de longues heures. Chargé, à la Sorbonne, d'un cours qu'il jugeait lui-même absorbant et « délicat » ; membre — et membre actif — du conseil supérieur de l'assistance publique, rédacteur important d'un grand journal, il trouvait encore le temps de recevoir tous ceux de ses élèves qui avaient besoin de conseils ou d'encouragements, et d'envoyer encouragements et conseils à tous ceux qui étaient dispersés en province ou à l'étranger. Cette « action morale », à laquelle il attachait tant d'importance, les lettres qu'il a écrites à plusieurs de ses anciens élèves, les souvenirs dont ceux-ci ont bien voulu nous faire part, vont nous permettre de la décrire.

*
* *

La première condition, pour agir sur les jeunes gens, c'est de les connaître. Et, pour les connaître, il faut avoir avec eux d'autres rapports que les rapports officiels : ce ne sont pas les exercices collectifs de la classe qui permettent d'étudier les caractères individuels ; il faut donc, en dépit des règlements, des traditions ou des préjugés, prolonger la classe par des conversations plus intimes. C'est ce que faisait Henry Michel. Au lycée Henri IV, paternellement gouverné par M. le Proviseur Grenier longtemps avant que fût prescrite la « discipline paternelle », les « mouvements », en dépit du tambour, ne s'exécutaient pas toujours avec une rigueur militaire. Henry Michel en profitait pour retenir autour de sa chaire, après la classe, l'un ou l'autre de ses élèves. « Que faites-vous ? que lisez-vous ? » telle était l'entrée en matière. Il nous invitait à donner notre opinion sur nos lectures : « Qu'est-ce que vous en pensez ? » Telle était sa formule habituelle. Et il ne se contentait pas de réponses vagues ; il nous forçait à préciser, puis nous signalait des ouvrages à consulter et nous offrait, s'ils manquaient à la bibliothèque du lycée, de les emprunter à la sienne. Et la conversation continuait : nos espérances et nos craintes, les examens et les programmes en faisaient l'objet. Elle se prolongeait parfois jusqu'à la porte du lycée et jusqu'à la fin de la récréation, abandonnant, à l'occasion, la philosophie pour dévier vers les questions politiques du moment. Sans doute, cette méthode ne lui était pas particulière. Elle n'était pourtant pas très répandue, dans l'Université, vers 1887. Et ce qui était propre à Henry Michel, c'était le degré de bienveillance qu'il apportait à ces entretiens. Il ne cherchait pas à attirer par l'éclat de sa parole ; il restait volontiers dans l'ombre ; il faisait parler plus qu'il ne parlait lui-même ; aussi quelques-uns, trompés par son effacement désintéressé, s'expliquaient-ils mal la séduction qu'il exerçait sur les autres. Mais peut-être son secret résidait-il précisément dans ce désintéressement si manifeste.

Dans l'amitié du professeur et de l'élève, une seconde période commençait lorsqu'aux entretiens du lycée succédaient des entretiens dans le cabinet de travail d'Henry Michel. Y conviait-il tout le monde ? ou faisait-il un choix ? Les opinions, à ce sujet, sont partagées. L'un de ceux qui l'ont bien connu déclare « qu'il ne se laissait imposer personne » et qu'il « éliminait avec une décision » surprenante chez un homme aussi indulgent. Mais d'autres, qui n'ont jamais assisté à de telles exécutions, estiment qu'elles ont dû être rares. En fait, plusieurs de ses anciens élèves, pour le caractère desquels Henry Michel ne semblait pas devoir éprouver une vive sympathie, sont restés en relations avec lui jusqu'au jour où d'eux-mêmes ils se sont éloignés. Si le nombre de ceux qui sont devenus ses amis n'est pas plus grand, ce n'est pas qu'il ait repoussé les autres, c'est qu'ils ont négligé de répondre à ses avances.

Ce n'est pas sans émotion que nous prenions, le dimanche, le chemin de sa maison. Nous n'ignorions ni le nombre ni l'importance de ses occupations : sa collaboration au *Temps* était alors quasi quotidienne, et les articles qu'il y écrivait l'obligeaient à suivre de près les débats du Parlement, les polémiques de presse, le mouvement littéraire et académique. Nous savions quels devoirs sociaux il avait à remplir, et qu'il dérobait à sa famille les heures qu'il nous réservait. La première fois qu'il voulut bien me recevoir, c'était le 24 janvier 1889, le jour où Paris avait à choisir entre M. Jacques et le général Boulanger. Il sortait du ministère de l'Intérieur où l'on venait de lui faire prévoir le triomphe du général. Il était fort pessimiste et redoutait la chute de la République. Malgré la gravité de la situation, il s'inquiétait de mon état d'esprit, de mon travail, de mes craintes et de mes espoirs. Mais je ne pouvais m'empêcher de penser qu'entre l'avenir de la France et le sort d'un collégien, qui semblaient se partager également son esprit, il y avait quelque disproportion. Et qu'un homme si distant de nous, non seulement par sa culture intellectuelle et son élévation morale, mais encore par son rôle politique et son rang social voulût bien se préoccuper sincèrement de nos petites misères, voilà ce qui, tout en nous flattant, nous préparait à subir l'ascendant de sa bonté.

Notre trouble, à ces premières visites, venait d'une autre source. C'est qu'elles étaient, pour ainsi dire, des confessions. Un de ses élèves les plus chers, un de ceux qui l'ont le mieux connu et le plus aimé, a écrit, il est vrai, qu'« il se défendait presque de recevoir » les confidences des jeunes gens[1]. Mais il faut distinguer. Il est possible qu'il n'ait pas voulu entrer dans le détail de notre vie sentimentale : « il me dit, rapporte l'un d'entre nous, que ces troubles de sensibilité s'apaiseraient, se calmeraient, que les jeunes gens y étaient sujets, qu'il n'y avait qu'une crise dont je ne devais pas m'émouvoir. Il m'a donné à lire *Dominique* de Fromentin. Et c'est à peu près tout. » Mais, en revanche, il entendait pénétrer dans le détail de notre vie intellectuelle. « Il nous forçait à nous ouvrir », écrit un autre. Et cette expression ne me paraît pas excessive. Pour ma part, ce n'est pas sans lutte qu'il obtenait ma confession. Durant plusieurs années, je suis rarement sorti de chez lui sans éprouver une sorte d'irritation : volontiers je lui aurais reproché de m'avoir extorqué mes secrets, et je me reprochais à moi-même de l'avoir trop longtemps importuné ; je me promettais d'être, à la visite suivante, plus bref et plus discret. Mais à la visite suivante mes résolutions ne tardaient pas à faiblir : à une demi-confidence, que je jugeais suffisante, il répondait par une question qui forçait à préciser. S'agissait-il d'une inquiétude ? Il contraignait à en examiner le fondement et souvent à en constater la vanité. Comme un esprit mélancolique aime les fantômes dont il s'effraie, on n'était pas toujours satisfait de les voir ainsi dissipés ; mais on ne tardait pas à éprouver un vrai soulagement, dont on remerciait Henry Michel. Usait-il toujours de cette méthode ? peut-être était-elle inutile pour ceux de ses élèves qui étaient moins « renfermés » ou moins timides. Mais, pour remplir, tel qu'il le concevait, son rôle d'éducateur, il lui était si nécessaire de nous connaître qu'il a dû souvent employer cette espèce de maïeutique.

1. F. Vial, dans l'*Enseignement secondaire*, du 15 décembre 1904.

La confession devenait de plus en plus spontanée, à mesure que se multipliaient les entretiens. Il savait d'ailleurs trouver d'ingénieux procédés pour vaincre la réserve ou la timidité. C'est ainsi qu'à la Sorbonne il associait ses élèves à ses études. Il confiait aux uns le soin de faire des recherches dans les bibliothèques ou les archives. Il demandait aux autres de lire et d'analyser pour lui des ouvrages allemands. Faisait-il usage des travaux de ses auxiliaires ? Peut-être. Mais, par les liens nouveaux qu'ils créaient entre eux et lui, ils étaient plus utiles à son action morale qu'à la préparation de ses ouvrages. J'ai conservé le souvenir de quelques soirées qui devaient être consacrées à la lecture du livre de Schæffle, *Vie et structure du corps social*, dont il avait besoin pour écrire un chapitre de l'*Idée de l'État*. Mais je crois bien que Schæffle n'était qu'un prétexte, car nous n'en avons pas lu dix pages, la majeure partie du temps s'étant écoulée en libres entretiens.

Ces entretiens, quand l'étudiant avait quitté Paris, étaient remplacés par des lettres, que le maître souhaitait longues et fréquentes. Il avoue son « très vif désir » d'en recevoir, son « impatience même quand elles tardent ». De loin comme de près, il nous demande de lui confier toutes nos pensées. Il écrit à l'un, en 1890 :

« Vous me ferez toujours plaisir, savez-vous ? quand vous m'écrirez, surtout si vous y mettez de vous-même et de votre vie. Faut-il ajouter que ce n'est pas curiosité, mais sympathie vraie, et vive ? Je ne vous le dirais pas, si je croyais nécessaire de vous le dire. Mais vous le sentez bien un peu. »

Et à un autre, en 1894 :

« Je vous remercie, mon cher ami, pour cette lettre qui m'a fait grand plaisir. D'abord, comme vous dites, vous vous y ouvrez sur plus d'une question, et vous avez raison, et vous aurez toujours raison de le faire, sur quelque question que ce soit, auprès d'un ami un peu plus âgé que vous et qui souhaite de vous être utile, et qui vous aime bien.... »

Un ami, voilà ce qu'est devenu le maître. L'évolution commencée dès le lycée est maintenant accomplie. Et, si l'on veut apprécier la qualité et l'intensité de cette amitié, qu'on lise les lignes suivantes :

« Dites-vous que rien de votre travail, ni de notre vie, ni de vos pensées ne m'est ni me sera jamais indifférent ; que j'entre aussi avant que possible dans vos sentiments, et que je vous comprends comme vous désirez être compris. »

On ne s'étonnera pas si les jeunes gens qui recevaient de telles lettres ont répondu à une sympathie si vive par une confiance absolue : j'en sais qui éprouvaient pour lui une « affection quasi filiale » ; j'en sais qui, sur des questions graves, politiques ou religieuses, ont dû, pour éviter de douloureux conflits, taire à leurs propres parents leur opinion, tandis qu'ils n'ont jamais eu rien de caché pour Henry Michel.

*
* *

Sur un terrain si soigneusement préparé, on pouvait semer sans crainte ; sur des hommes qui lui étaient si étroitement attachés, Henry Michel pouvait exercer une profonde influence. Pourtant, cette influence n'est pas, à première vue, très sensible. De ses élèves, un seul, à ma connaissance, a adopté la doctrine de Renouvier dont Henry Michel était lui-même le disciple. Et un autre déclare : « Je ne crois pas qu'il ait eu sur moi, même à mon insu, une véritable influence ». Comment expliquer cet étrange résultat ?

C'est, dit-on, qu'Henry Michel, par respect pour la personnalité de ses élèves, refusait de « diriger » leur esprit et leur volonté. « J'aurais souhaité plus d'une fois, dit l'un de nous, prendre conseil auprès de lui sur une décision, sur un acte à accomplir ou à ne pas accomplir. Je l'ai presque toujours trouvé se dérobant à mes instances. » « Il craignait même de donner un conseil, qui ne fût pas un encouragement, quand il supposait que ce conseil pourrait emprunter au respect et à l'affection une force impérative ». « Il avait du mépris pour la *direction de conscience*. Ce mot lui faisait apparaître devant l'esprit tout un cortège de souvenirs déplaisants et d'idées où il reconnaissait de vieilles ennemies ». Dans le même sens, on a écrit : « Si vive était sa crainte d'influer trop fortement sur des âmes qui se forment et de substituer son action à leur propre effort, qu'il allait jusqu'à voiler la sympathie, l'affection qu'il éprouvait pour ses disciples, comme s'il redoutait que ses conseils, s'ils avaient été donnés avec trop de chaleur, ne fussent reçus avec trop de docilité et ne devinssent des mobiles trop puissants [1] ».

Ce portrait n'est pas infidèle. Le respect de la personnalité était le premier article de sa foi morale. C'est le principe qui anime tous ses ouvrages ; il le plaçait, pour ainsi dire, au-dessus de toute discussion. « Si la science, nous disait-il en octobre 1904, dans un entretien qui devait être, hélas ! le dernier, si la science nous imposait une morale qui mît en péril l'autonomie de la personne humaine, n'aurions-nous pas le droit de nous révolter contre la science ? » Dans le choix de ses méthodes pédagogiques, il n'avait pas d'autre souci que d'assurer le libre épanouissement de la personnalité. Sans nous dissimuler sa préférence pour la philosophie de Renouvier, il n'entendait pas nous l'imposer. Il en montrait même les difficultés. Il ne terminait pas ses leçons par une *conclusion*, mais par une *question* ; il ne disait pas : telle est mon opinion, mais : quelle est la vôtre ? Non qu'il nous enseignât l'indifférence

1. F. Vial, article cité.

ou le scepticisme : il ne nous disait pas que toutes les doctrines se valent : il nous invitait, au contraire, à choisir entre elles : mais il tenait à ce que ce choix fût libre[1]. Rien de surprenant si, pour faire l'éducation des volontés, il s'inspirait du même principe. Il tenait à ce que notre volonté prît elle-même ses décisions. Consulté sur un parti à prendre, il montrait les avantages et les inconvénients de chaque alternative, comme, dans son cours, le fort et le faible de chaque doctrine. Et ses lettres, en pareil cas, se terminaient, elles aussi, plus souvent par des *questions* que par une *conclusion* : il nous demandait des détails plus circonstanciés, espérant qu'un examen plus attentif de la situation nous dicterait à nous-mêmes notre résolution. Bien plus, de même qu'il entendait sans déplaisir ses élèves discuter ses propres ouvrages, il les entendait sans déplaisir discuter ses propres conseils. A une obéissance, comme à une imitation servile, il préférait de beaucoup une désobéissance réfléchie.

Mais une telle méthode n'est-elle pas purement négative ? En respectant à ce point la personnalité de son élève, n'est-ce pas à l'abdication que le maître aboutit ? — Assurément, on a moins de scrupule à diriger les consciences humaines quand on se croit revêtu d'un pouvoir surhumain auquel ces consciences ont pour premier devoir d'obéir, ou quand on attribue à l'État, dont on est le représentant, le droit de façonner les citoyens au gré des intérêts sociaux. La tâche de l'éducateur kantien est particulièrement délicate puisqu'il doit obéir à deux impératifs contradictoires : agis sur cette volonté, car elle attend de ton action son progrès ; n'agis sur aucune volonté, car une action extérieure ne peut déterminer aucun progrès moral. Mais cette antinomie, Henry Michel savait la résoudre : tout en respectant l'automomie de la volonté, il savait

1. Cf. F. Vial, article cité.

agir sur la volonté. Tant qu'on se borne à noter le caractère négatif de sa méthode, on n'en dévoile qu'un aspect : par un autre aspect, elle était nettement positive.

Elle était positive par les procédés mêmes que nous venons de décrire. En cherchant à nous connaître, Henry Michel nous obligeait à nous connaître nous-mêmes ; en nous interrogeant sur les motifs de notre indécision, il nous amenait à trouver le moyen d'en sortir ; en nous demandant de justifier nos craintes, en nous forçant à voir qu'elles étaient injustifiables, il réveillait notre énergie. Toutes ces constatations, toutes ces analyses que nous nous imaginions faire pour lui — et que nous n'eussions pas faites sans lui, — c'est pour nous qu'il nous les faisait faire. D'une connaissance plus précise et d'un examen plus calme, il attendait des résolutions plus fermes. Et même lorsqu'il ne formulait pas de conseil, il influençait la volonté par l'intermédiaire de l'intelligence. Ceux d'entre nous qui ont été surtout frappés de sa répugnance à « conduire » une volonté différente de la sienne reconnaissent qu'il savait « l'éclairer merveilleusement ». De la lumière sur la route, n'est-ce pas l'essentiel ? et pourquoi demander plus à son guide ?

Nous lui demandions plus. Dans les principales circonstances de notre vie, nous l'interrogions sur la route à suivre. Et ses réponses n'étaient pas toutes évasives.

Le premier des graves problèmes qui préoccupent les jeunes gens, c'est celui de leur carrière. Au lycée Henri IV, et, à plus forte raison, à la Sorbonne, les élèves d'Henry Michel avaient déjà fait leur choix : il n'a donc pas eu, selon toute vraisemblance, à susciter leur vocation. Bien que, parmi ceux qui sont devenus ses amis, les professions les plus variées soient représentées (on trouverait, outre plusieurs professeurs, un auditeur au Conseil d'État, un chef de cabinet de préfet, un fonctionnaire de la Dette ottomane, un officier, un prêtre catholique, un dominicain, etc.), la plupart étaient dès lors candidats au professorat. Mais, s'il ne les a pas aidés à choisir, du moins les a-t-ils aidés soit à persévérer dans leur choix, soit à le modifier. A l'un, découragé par un échec et prêt à abandonner ses études, il adressait cette maxime, dont chacun pourra, s'il le veut, éprouver la réconfortante efficacité : « Vous verrez de plus en plus qu'il faut beaucoup oublier, et que c'est la partie maîtresse de l'art de vivre ». A un autre, que la malchance poursuit, il conseille d'aiguiller dans une autre direction, et il l'approuve de faire acte d'énergie en cherchant à l'étranger une carrière plus active que celles qui sont réservées, en France, aux victimes des concours d'agrégation. A ces victimes il s'intéresse au moins autant qu'aux plus heureux. Il leur trouve des occupations provisoires ou leur ouvre les maisons, comme le *Temps*, dont il a la clef. Mais à tous il interdit de perdre courage et de rester inactifs. Ce n'est pas sans raison que l'un d'eux l'appelle, dans une lettre qu'il veut bien m'adresser, un « professeur d'énergie ». L'expression fera sourire ceux qui n'ont conservé que le souvenir de sa douceur. Elle répond bien, cependant, aux intentions et aux sentiments d'Henry Michel : il me déclarait un jour ne pas comprendre cette locution décourageante : « Aboutir à une impasse ». Dans la vie, ajoutait-il, il n'y a pas d'impasses. Les crises les plus inquiétantes finissent toujours par se dénouer : il suffit d'apporter à leur solution un peu — ou beaucoup — de bonne volonté. Lui qui s'accusait volontiers de voir les choses en noir, et qui, dans son entourage, passait pour pessimiste, ne possédait en réalité que cette dose de mélancolie qui permet de voir le mal et engage à le détruire, sans faire perdre la foi au progrès et à l'effort.

C'est l'effort qu'il recommande à ceux de ses élèves qui entrent dans l'Université. Il les supplie de ne pas se laisser engourdir par la routine ; il leur montre où sont les joies de leur carrière :

« Il est vrai que la technique de l'enseignement secondaire manque un peu de charme, sauf pour les paresseux endurcis, car il est facile de se tirer d'affaire avec un minimum de travail. Mais les relations de maître à élèves, de jeune maître à élèves presque aussi vieux que lui, ont bien leur prix. Je les ai toujours beaucoup goûtées pour ma part, et vous verrez que vous y prendrez plaisir aussi, à la condition de tomber sur de gentils garçons, un peu dégelés et désempotés. A vous de les animer s'ils sont si éteints. Cela se fera de soi-même, au bout de quelques mois. »

Il les aide à résoudre les petites difficultés de leur vie professionnelle. Un débutant avait été surpris de l'insistance avec laquelle son proviseur, dès leur première entrevue, sans le connaître encore, lui avait recommandé la prudence dans l'examen des questions philosophiques qui confinent aux questions religieuses. Henry Michel, à qui il avait signalé ces inquiétudes administratives, lui répond :

« Vos impressions sur *** et sur l'existence que vous allez y mener, ainsi que sur les conditions dans lesquelles votre tâche se présente à vous doivent être aujourd'hui plus précises qu'elles ne l'étaient quand vous m'avez répondu. Je souhaite que les dernières soient aussi meilleures. Vous veniez de recevoir des *avis* et des *avertissements* qui ne vous plaisaient guère, et cela se conçoit ! Mais la pratique vous prouvera probablement qu'on ne peut pas trop soulever les grandes difficultés d'ordre moral ou religieux — non pour éviter d'effaroucher les élèves ou leurs parents — mais parce qu'il y aurait tant à dire, sur chaque point, qu'on est bien assuré d'avance de ne pas pouvoir tout dire, et que l'on se ferait scrupule de rester en route. A moins, évidemment, qu'une classe peu nombreuse, avec des jeunes gens qui comprennent, même à demi-mot, beaucoup de choses, n'invite en quelque sorte, à parler plus librement. Du reste, il n'y a pas de règle ; il n'y a qu'à suivre son mouvement intérieur, quand on a le respect de tout ce qui est sincère élan ou effort des âmes, en quelque direction qu'il aille. »

Plus tard, au moment où des tentatives sont faites, dans l'Université, pour développer la solidarité, il donne cet avis, qui pourrait servir de commentaire à telle page de ses *Notes sur l'enseignement secondaire*.

« Oui, la Mutualité des professeurs de Commercy me paraît une assez bonne idée, et je serai très heureux de l'appuyer. Ce serait même une idée tout à fait bonne, si l'on pouvait amener la grande masse des professeurs à contribuer. Mais, de cela, je doute. Vous ne sauriez croire combien les *anciens* sont réfractaires à toute idée d'association, même sous la forme la moins astreignante et la moins onéreuse. Ils poussent à des limites absurdes le culte de l'individualisme. Ce sont de vrais sauvages. Il est probable que les plus jeunes sont dans des dispositions différentes. Mais, même encore parmi ceux de ma génération — les intermédiaires — il y aura, j'en suis convaincu, bien des résistances et des répugnances. Ce n'est, d'ailleurs, pas une raison pour ne pas recommander cette initiative, qui peut avoir d'excellents effets.

« Peut-être aussi mettrai-je, quelque jour, en lumière, votre idée sur le rôle de la bibliothèque dans les lycées, comme trait d'union entre tous ceux qui y vivent. C'est absolument juste. Mais je ne vois pas non plus la chose entrant aisément et tôt dans la pratique. A de très rares exceptions près, il n'y a pas, dans nos lycées, d'*esprit de la maison*. Et il est plus facile de faire une révolution politique que la révolution morale qui consisterait à en introduire un. Il y a d'admirables éléments, dans notre enseignement secondaire, et, par le vice de l'institution, une déperdition de forces dont on n'a pas idée, même chez ses adversaires naturels [1]. »

Le souci des intérêts ou des devoirs professionnels ne

doit pas nous empêcher d'entreprendre des travaux personnels. Si peu négatifs étaient, à cet égard, les conseils d'Henry Michel, qu'ils indiquaient parfois avec une grande précision le sujet qu'il eût aimé nous voir traiter. Témoin cette lettre de 1890 où il propose à l'un de nous d'étudier Joseph de Maistre. Sans doute, le conseil n'avait rien d'impératif : la preuve, c'est qu'il ne fut pas suivi. Mais est-ce la faute de celui qui le donnait ? Il énumère toutes les raisons qu'aurait son élève de choisir un tel sujet : Joseph de Maistre est « charmant à lire » ; il n'est pas trop long ; le travail pourrait être couronné par l'Académie française. Il ajoute : « Même si votre étude ne remporte pas le prix, vous aurez eu le premier et essentiel bénéfice du travail, qui est le travail même ». Et il conclut : « Est-ce dit ? Cela vous plaît-il ? Répondez vite ; il faut profiter de vos bonnes dispositions, et mettre l'ouvrage bien en train cet hiver (celui-là ou un autre). Quand il commencera à faire du soleil, quand la verdure montrera le bout de son nez, je connais mon *** (quoique je ne l'aie pas beaucoup vu depuis deux ans), il n'aura plus tant envie de travailler, peut-être même aura-t-il du vague à l'âme ! Eh bien, si le travail est en bonne route, il continuera, parce qu'il aura envie de finir et de réussir. Est-ce vrai ? ».

L'invitation n'était pas toujours aussi pressante. Mais elle était souvent aussi formelle. Henry Michel ne demandait pas à ses élèves de suivre ses traces et de se consacrer exclusivement à l'histoire des doctrines politiques. Mais il ne dissimulait pas sa satisfaction quand il nous voyait partager sa prédilection pour la philosophie pratique. A l'auteur d'une note sur une illusion de la mémoire, il écrivait en 1894 : « Je suis si loin de ces questions qu'elles me paraissent aujourd'hui peu intéressantes. Après tout,

1. Il n'est pas superflu de faire observer que cette lettre date des premiers mois de l'année 1897.

de quelque manière que s'établisse et que doive être conçue la relation du moral au physique, nos spéculations sur la fin de la société n'en doivent pas, ni même n'en peuvent être affectées ; et ce sont, en somme, les principales. Ces questions prennent vraiment pour vous, pour moi, pour tant d'autres, l'importance qu'avait jadis celle du salut individuel. Ne le pensez-vous pas ? » Et l'un des derniers conseils qu'il ait donnés à ce même correspondant, en octobre 1904, c'était encore d'abandonner la philosophie purement théorique pour l'étude des questions morales, pédagogiques et sociales. On peut trouver qu'il exagérait soit l'inutilité de la pure spéculation, soit la valeur et l'autonomie de la Morale ou de la Politique. Mais peut-on dire qu'il refusait de nous donner, sur l'emploi de notre vie, des conseils positifs ?

La carrière choisie et la vie occupée, d'autres problèmes surgissent devant les jeunes gens : ils font leurs débuts dans la vie civique et sont parfois embarrassés pour s'y diriger. Ceux mêmes dont les principes politiques sont solidement établis peuvent hésiter, surtout en temps de crise, entre deux programmes, voire entre deux partis. Henry Michel savait que la plupart de ses élèves adoptaient, en principe, son large libéralisme et ce qu'on pourrait appeler son socialisme individualiste. Il n'avait pas à nous convertir à des idées que nous acceptions. Mais que de fois il nous a fait part des réflexions que lui suggéraient les événements ! Ce qu'il faisait pour le public dans les *Menus propos* du *Temps*, il le faisait dans ses lettres pour chacun de nous ; dans ses lettres, suivant l'expression d'un de ses amis, on trouvait « l'écho de la réaction des événements dans sa conscience. De tous ces événements, il tirait une leçon ou une indication pratique ». Les leçons qu'il préférait, c'étaient des leçons d'énergie : le mot revient souvent sous sa plume ; il est sévère pour les gouvernements à qui cette vertu fait défaut ; il admire ceux qui nous font « reprendre figure ». Il n'épargne pas sa peine, pour assister aux spectacles réconfortants : après la revue de Châlons, en 1896, il écrit : « J'ai pris deux jours pour cette revue, à laquelle je tenais à assister, et je ne regrette pas la fatigue ». Mais il ne se borne pas à nous communiquer ses impressions. Il veut connaître les nôtres : il les discute, et, dans la discussion, fait discrètement passer de sages avis. C'est ainsi qu'au début de l'affaire Dreyfus, en janvier 1898, il écrivait à un partisan de la revision du procès de 1894 :

« Vos réflexions sur l'affaire D... sont bien justes, mais combien y a-t-il, en France, de personnes qui examinent les choses *en conscience*? Je suis terrifié quand je constate, d'après les quelques indices que je puis recueillir, combien le nombre de ces personnes est petit. Pour ma part, je n'ai pas d'opinion ferme sur le fond des choses. Mais j'aperçois trop de raisons capables d'expliquer une erreur collective, pour ne pas l'admettre comme possible, et même comme assez vraisemblable. Seulement, je n'ai aucune confiance dans l'issue des efforts tentés par ceux qui sont convaincus qu'on s'est trompé. Ils se heurtent à des passions et à des intérêts *qui ne sont pas tous illégitimes ou méprisables*. Et cela ne suffit-il pas à condamner d'avance leurs efforts à la stérilité? Il en restera surtout, je le crains, un ferment nouveau de haines et de discords sociaux. Ce qui ne veut pas dire qu'ils n'aient pas raison, croyant ce qu'ils croient, d'affirmer leur conviction. »

Quelques semaines plus tard, son opinion sur le fond des choses s'était affermie, et il affirmait à son tour sa conviction. Mais ces scrupules, cet effort pour résister aux passions de son milieu et à l'influence de ses amis, pour trouver à la conduite des deux partis adverses une justification ou une excuse, n'était-ce pas, à l'adresse de son correspondant moins impartial, une admirable leçon?

Il faudrait encore, pour achever de décrire son action,

montrer son intervention dans la vie privée de ses jeunes amis. Car leur bonheur ne lui était pas plus indifférent que leur progrès intellectuel ou moral. Dans une lettre où il demande à l'un de nous s'il ne songe pas à fonder une famille, il ajoute : « Je voudrais savoir aussi — bien que je m'en doute un peu — ce que vous rechercheriez de préférence. Ne me trouvez pas indiscret. Je vous aime assez pour vous souhaiter le plein bonheur d'une vie complète, avec une femme et des enfants. Et voilà tout ». Mais on comprendra qu'il soit difficile d'extraire de ses lettres tout ce qui touche à ces questions : elles présentent moins d'intérêt pour le public que pour leurs destinataires. Voici pourtant un fragment dont la portée est générale. A l'un de ses anciens élèves qui hésitait à se marier et lui disait les motifs de son irrésolution il répond :

« Vous êtes (et je ne m'en étonne pas) porté à grossir les difficultés. Peut-être vous l'ai-je déjà dit, car je l'ai observé si souvent pour mes amis ! quiconque réfléchit sérieusement au mariage, et en a le respect, se trouve conduit à regarder, d'avance, comme très compliquées des choses qui sont très simples. La réflexion crée des fantômes que la vie disperse... » Pensée à laquelle Henry Michel devait tenir [1], car elle s'inspire de cet optimisme pratique dont nous avons rencontré chez lui plusieurs manifestations : le principe qui nous met en garde contre « les fantômes » créés par la réflexion, c'est celui qui tout à l'heure nous engageait à oublier les déceptions et les injustices sans oublier les leçons bienfaisantes de l'expérience ; c'est celui qui, dans les circonstances les plus décourageantes, nous invitait à avoir confiance dans la toute-puissance de la bonne volonté.

1. Cf. *Menus propos*, 4e série, p. 243. « Il y a des gens auxquels la réflexion fait faire des sottises. » Maxime qui paraît destinée à corriger celle de Vauvenargues : « Personne n'est sujet à plus de fautes que ceux qui n'agissent que par réflexion. »

Telle que l'entendait Henry Michel, l'action morale du maître devait revêtir les formes les plus variées. Précisément parce qu'elle était fondée sur une connaissance délicate des caractères, elle devait s'adapter à chacun d'eux. Aussi, malgré la précaution que nous avons prise de recueillir plusieurs témoignages et de feuilleter plusieurs correspondances, ne prétendons-nous pas en avoir décrit tous les aspects. Du moins le lecteur, par les fragments que nous avons cités, verra-t-il quelle haute idée se faisait Henry Michel de sa mission d'éducateur. Il comprendra pourquoi son influence, destinée à favoriser le libre épanouissement des esprits, tout en étant profonde, est demeurée discrète. Il comprendra dans quel deuil sa mort nous a plongés. « Auprès de qui, m'écrivait alors un de ses disciples favoris, auprès de qui irons-nous chaque année, au retour des congés, faire notre examen de conscience, reprendre confiance en nous-mêmes ?... Combien nous lui devions l'un et l'autre !... » Combien lui devaient, ajouterai-je, au lycée Henry IV dix générations d'élèves, à la Sorbonne dix générations d'étudiants ! Et pourquoi faut-il que son action bienfaisante ait été si brutalement arrêtée par la mort ? Du moins est-il possible de la prolonger en l'imitant. Pour rendre hommage à la mémoire d'Henry Michel, nous n'avons pas cru pouvoir mieux faire que de proposer son exemple.

Paul Lapie.

IN MEMORIAM

Depuis plus d'un an qu'Henry Michel est mort, celui qui va écrire ces lignes a pris plusieurs fois la plume pour rendre à sa mémoire l'hommage d'une amitié en deuil, et cette amitié même la lui fit à chaque fois tomber des mains. S'il fait aujourd'hui l'effort nécessaire, c'est qu'on ne se satisfait pas soi-même à n'honorer certains morts que dans l'intimité du cœur, et qu'à s'entretenir d'eux, au contraire, on prolonge l'illusion de leur présence et, dans la mesure du possible, l'action qu'ils exercèrent. Pendant cette année écoulée, d'autres, surtout parmi les élèves de Michel, — et c'est le témoignage qui lui eût été le plus doux, — ont dit au public quel était cet homme, quel était ce maître mort avant d'avoir rempli sa destinée. Sa belle vie si unie a eu cependant des tâches diverses selon lesquelles ils ont pu successivement la considérer, et nous avons entendu préférer tantôt l'un de ses livres, tantôt un autre, selon les goûts et les études de celui qui exprimait cette préférence. Ici on voudrait parler de lui comme on parle d'un ami à des amis, c'est-à-dire penser tout haut à lui, et moins à son talent, qui fut grand cependant, qu'à sa personne, moins à l'œuvre qu'à l'ouvrier.

Tant qu'on possède un ami, on ne se demande pas quelles raisons on a de lui être attaché. Mais, quand il a disparu, et qu'on éprouve la sensation du vide qu'il laisse, on prend mieux sa mesure et on apprend à connaître ce qu'on n'a plus. Encore y a-t-il dans ce qui fut le charme d'un être, et Michel faisait lui-même cette remarque à propos d'un ami perdu, quelque chose d'indéfinissable et qui échappe à l'analyse même de ceux auxquels il fut le plus cher. Les autres, ceux qui ont le moins fréquenté Michel, n'ont pas pu ne pas être frappés déjà par un certain ton soutenu et élevé de sa pensée, de même que par l'aspect doux et grave de sa belle figure. Les lecteurs du « Temps » — et avec quelques-uns il nouait par lettres un vrai commerce de pensée — ont connu quelque chose de plus au travers de ces causeries libres et variées qui étaient comme le reflet des menus événements du jour sur un noble esprit. Ils le suivaient dans ses lectures, ses voyages, étaient au courant de ses impressions en face du spectacle de la vie. Ils ont connu ainsi un penseur qui allait, par un mouvement naturel, vers ce qui est généreux, qui avait un art infini — c'était en réalité plus et mieux qu'un art — d'élever toutes les questions, sans pour cela hausser la voix, de découvrir le côté sérieux des petites choses, et quelquefois aussi le côté plaisant des autres. Il n'était jamais dupe des mots ni des engouements ; il excellait même à saisir le ridicule des choses, évitant d'ailleurs de s'arrêter sur celui des personnes. Mais il excellait davantage encore à découvrir le rôle caché des idées dans la moindre affaire de ce monde, et à transformer le sujet qui s'y prêtait le moins en un texte à réflexions jamais pédantes, parfois enjouées et qui prenaient souvent le ton de l'ironie ou du paradoxe. Il y avait dans sa manière, même quand il badinait ainsi, de la sérénité et une sûreté impeccable de goût et de raison. Elle rappelle celle de Doudan, mais d'un Doudan échappé des salons, et qui aurait respiré le plein air de la démocratie.

Ce goût et cette raison maintiennent l'équilibre entre deux tendances contraires, contraires du moins en apparence, qui impriment aux *Menus propos* la marque de la conscience si vivante qui les inspirait. L'une était une inclination déclarée vers toutes les hardiesses et toutes les nouveautés sociales. Quelqu'un a parlé du socialisme de Michel. Socialisme fait seulement de la sympathie humaine la plus ardente et la plus élargie, unie à l'absence de tout parti pris économique. Il a défini lui-même cette « aspiration dite socialiste, mais qu'il serait plus exact d'appeler humaine, vers le mieux-être universel, mieux-être des cœurs, des intelligences et des corps. » On peut noter encore chez lui, et même d'une façon plus précise, un certain sens des mœurs républicaines (entendez des mœurs à établir), que les études et les préoccupations des dernières années de sa vie rendirent de plus en plus aigu et exigeant. — Avec cela une délicatesse de sentiment qui eût rendu d'autres plus rebelles à l'esprit démocratique, un respect ému pour les vieilles choses et les vieilles mœurs. Quelques pages sur nos relations avec nos domestiques ont un accent presque patriarcal. Beaucoup des aspects de la vie moderne le trouvent indifférent, sinon hostile. Encore une fois, il n'y a qu'un semblant de contradiction entre les tendances avancées de son esprit et cette promptitude à s'effaroucher de son goût et de sa sensibilité. Il ne mettait pas le progrès dans n'importe quelle nouveauté, justement parce qu'il s'en faisait une idée très haute. L'idéal moral et social qu'il portait en lui le rendait souvent sévère pour ce qui le sert mal et n'a du progrès que l'apparence. Disons enfin que si quelque contrariété s'était produite entre ses idées et ses sentiments, il eût délibérément sacrifié ceux-ci ; plus il avançait en âge, et plus, au contraire de tant d'autres, il se libérait de tout ce qui en lui n'avait pas été voulu et préféré par la raison. A tous ses dons naturels il ajoutait cette valeur supplémentaire que seul l'effort accompli sur soi-même donne aux meilleurs d'entre nous.

Ce qu'il y a de voulu dans sa vie et dans son œuvre apparaît peu, tellement le cours de l'une et de l'autre a d'aisance et d'élégance, et tellement sa ténacité même, car il en avait, se voilait de douceur. Il faut savoir cependant, pour le connaître tout entier, ce qu'il entra de choix et de parti pris dans ce qu'il fut et dans ce qu'il fit. Et tout d'abord il poursuivit obstinément la même fin : une carrière universitaire, quoique les tentations n'aient pas manqué pour l'en détourner, et quoique les circonstances, à plusieurs reprises, aient semblé l'aiguiller dans d'autres voies. Un de nos amis regrettait récemment que la destinée ne lui ait pas révélé sa vraie vocation : l'administration ; et certes cette harmonie qui existait en lui entre le sens du progrès et celui de la tradition, entre l'art de pénétrer les hommes et celui de les persuader eût fait de lui un administrateur hors ligne. Mais si à vingt ans on lui eût demandé ce qu'il désirait être, il eût répondu : professeur en Sorbonne, et c'est ce qu'il fut à quarante.

Il ne fut pas toutefois le professeur que, vingt ans auparavant, la plupart de ses contemporains eussent annoncé, un émule de Paradol ou de Bersot. Très averti des exigences de son temps, il ne se contenta pas d'être un homme de talent, il tint à être un homme de science. Sa thèse sur l'histoire de *L'idée de l'État* fut pour beaucoup la révélation d'un Michel inconnu. On ne se doutait pas que ses articles si goûtés n'étaient que le délassement d'une vie de labeur dont le résultat apparaissait. Donc, ce moraliste avait écrit un livre d'histoire. N'exagérons pas sur ce point cependant l'évolution de son esprit. S'il a, dans l'exposition des doctrines et des controverses, des scrupules que les historiens ont coutume d'appeler des scrupules d'historien, c'est toujours de l'histoire des idées qu'il s'agit avec lui, et il écrivit même un jour que c'est la seule histoire vraiment intéressante, puisqu'elle est l'histoire prise à sa source, et dans ce qui en détermine le cours. Personne ne fut, en ce sens, plus idéaliste que lui. Même ce livre posthume sur *La loi Falloux* ne fait pas exception, si menue qu'en soit l'information : c'est à une bataille d'idées qu'il assiste et nous fait assister ; et la précision de l'enquête ne doit pas nous faire perdre de vue la nature propre du sujet. Mais ce qui est certain, c'est qu'il se fit, du concert de qualités d'esprit et de méthodes de travail rarement unies, une manière à lui, et qu'il se créa, dans l'histoire des doctrines politiques, un domaine qui était bien le sien et où il eût fait école.

Ce qui le séduisait, dans ces études, c'est que, sans être l'action politique, elles étaient contiguës à l'action. Il avait le goût des affaires humaines et aimait y être mêlé, quoiqu'à distance et discrètement. Et, à la fin de sa vie, sous la pression des événements, ce goût devint chez lui le sentiment d'un devoir ; de là certaines formes d'activité qui s'ajoutaient chaque jour à sa besogne professionnelle. Et c'était un tiraillement continuel entre ces obligations qu'il multipliait et ses études de jour en jour plus prenantes et plus aimées, tiraillement qui devait user sa vie. Mais il ne sut, il ne voulut jamais rien sacrifier. — Par un double progrès il était donc allé du talent à la science et à l'action, sans rien perdre en route de ses qualités natives.

L'œuvre essentielle qu'il réalisa en lui-même fut sa doctrine philosophique et politique. Il sentit le besoin d'une doctrine, quand il dut enseigner et écrire autre chose que des articles. Et il s'en fit une. Comprenons par là qu'elle ne se forma pas en lui par le seul effet du travail de l'esprit, mais qu'il éprouva comme la nécessité morale d'unifier sa pensée, et que ce fut une préférence également morale qui le conduisit au système d'où il devait tirer cette unité. Renouvier sut-il jamais à quel point Michel était son disciple, puisque dans la direction imprimée à ses idées entrait une décision de sa volonté ? Quoi qu'il en soit, Renouvier expirant eut, on s'en souvient, pour ce disciple qu'il n'avait jamais vu, et qui devait le suivre de si près dans la mort, une de ses dernières pensées, qui devait être aussi une des dernières joies de Michel, et il mettait en lui une des espérances de sa doctrine.

De cette doctrine, Michel déduisit une philosophie politique de belle allure, qui fit de lui un des plus mâles conseillers de la démocratie. Il faut, disait-il, à cette démocratie une foi, et avec quel accent ne l'avons-nous pas entendu regretter qu'en inclinant ses tendances philosophiques vers le positivisme, les chefs de la démocratie lui aient à l'avance dénié cette foi ! « La République est une idée, c'est sa faiblesse et c'est sa force. » Et cette idée est l'idée libérale, la liberté étant la condition première du plein épanouissement de la conscience humaine. Mais le libéralisme de Michel n'est pas, « à la façon du libéralisme vulgaire, une doctrine toute négative, bornant son ambition à monter la garde autour du privilège des heureux de ce monde. C'est une doctrine positive, qui milite pour étendre à tous les membres de la cité le bénéfice de la liberté. » Ce bénéfice de la liberté, c'est ce qu'il appelle ailleurs « le nécessaire moral » aussi nécessaire que le « nécessaire physique », que le pain de chaque jour pour qu'un homme soit un homme dans la pleine acception du mot. Il faudrait tout citer de ce petit chef-d'œuvre qu'est l'opuscule intitulé : *La doctrine politique de la démocratie*. La notion de justice y est éclairée et élargie. Les notions de démocratie et de patrie y sont soudées ensemble avec une raison émue. — Michel était originaire de Metz et il s'en souvint toujours. Il a raconté qu'il leur était souvent arrivé, à son ami Dreyfus-Brisac et à lui, en entendant certaines conversations, d'échanger un seul regard. Ce signe muet leur suffisait pour se sentir d'accord. « Ils demeuraient, dans leur pays qui oublie, ou plutôt qui pense à d'autres choses, d'obstinés, d'irréductibles témoins de ce passé, vieux de plus de trente ans, mais qui, pour eux, date toujours d'hier. »

Mais ce n'est pas seulement de ces pages sur ce qu'est la cité « en démocratie » qu'il faut dire qu'il les a écrites avec une raison émue. Cela est vrai de l'opuscule entier. Ce n'est pas seulement une doctrine, c'est une foi qu'il expose, foi politique par laquelle il satisfait — peut-être incomplètement, — une noble inquiétude qu'il n'étalait pas, dont la trace apparaît à peine dans son œuvre pour qui n'est pas prévenu, mais qui ajoutait au son que rendait sa pensée comme ces sons harmoniques qui révèlent la nature et la qualité de l'instrument. Élevé en dehors de toute croyance, Michel avait une âme religieuse. La vie intérieure chez lui avait cette intensité qui appelle une règle et une foi. Il aimait la société d'amis pieux : son âme s'harmonisait avec la leur. Assister, témoin et confident passionné, à la genèse d'une vocation religieuse, fut une des pures joies que lui procura l'amitié. Pendant longtemps cet israélite de naissance avait fait des moralistes de Port-Royal, voire de l'*Imitation* les ordinaires compagnons de sa plus intime pensée. Puis il trouva dans la foi politique et sociale un dérivatif momentané. Quinet fit tort aux jansénistes et aux mystiques. Quinet, si différent de Michel, l'attirait par l'accent religieux qui est en lui. Notre ami écrivait à cette date que le problème social prenait dans les préoccupations de ce temps la place qu'avait longtemps tenue le problème du salut individuel. A quelque moment que ce fût, cependant, cette forte raison connut ses limites, et il y a une chose que cet esprit si ouvert ne comprit jamais, c'est la négation tranquille et le positivisme satisfait. S'il ne réussit pas, en ces matières, à se faire une foi, comme il se fit une foi politique, il dépassa de beaucoup le dilettantisme, et il mit dans ce geste de mourant, par lequel il convia à ses obsèques un ministre de l'Évangile, avec une protestation, qu'il voulait définitive et solennelle, contre le matérialisme moral, la confession publique des secrètes aspirations de toute sa vie.

Nous touchons au fond de la pensée de Michel. Regardons-le vivre maintenant, car il est de ceux qui grandissent sous le regard jeté sur leur intimité. Tout ce qu'il ne donna pas au travail, il le donna à la famille et à l'amitié. On ose à peine parler des vertus familiales d'un homme. Il y a cependant des êtres faits pour l'action à distance et la vie publique, et il en est qui ne donnent le meilleur d'eux-mêmes qu'à ceux qui les approchent. Il en est qui apportent un tel art dans la pratique de la vie de chaque jour que cette vie chez eux est bonne à regarder, comme elle fut bonne à partager. Il en est qui, par leur façon personnelle de sentir, ôtent toute banalité aux événements qui traversent toute destinée, et qui créent autour d'eux l'atmosphère particulièrement chaude qu'ils aiment eux-mêmes à respirer. On ne connaîtrait pas Michel, on ne connaîtrait pas le dedans de son talent et de sa pensée, si on ne savait les délicatesses de sa sensibilité, si on ne savait que cette plante dont le lecteur goûtait les fleurs était de celles qui portent aussi des fruits.

Toutes ces qualités firent de lui un ami incomparable. Il était prédestiné à l'amitié : il attirait les confidences, même de ceux auxquels la différence d'âge ne lui permettait pas de donner en retour des conseils. A l'école, nous le voyions souvent monter chez Bersot. Quand Bersot ne reçut plus personne, il fit exception pour lui, qui restait, en dehors de l'Administration, le seul lien entre l'école et son directeur agonisant. Ce directeur voulut enfin être loué par cet élève, et l'on sait comment Michel justifia cette confiance. — A l'autre bout de sa vie, une autre amitié illustre : celle de Gréard, avec lequel il avait tant d'affinités de nature. Mais ce que tous ne devineraient peut-être pas, c'est que les appels, le désir de causer, d'échanger des idées venait le plus souvent de celui qui était plus habitué à donner des rendez-vous qu'à en demander. Avec d'autres, c'est Michel au contraire qui fait les avances, surtout avec ses élèves. Il met une certaine coquetterie à capter leur confiance, et ce sont ceux qu'il sent les plus fiers, les moins expansifs qu'il fait effort pour conquérir. Mais cette conquête dure, et d'elle naît un commerce d'un genre particulier, un commerce sans échange, où il donne plus qu'il ne reçoit et sait gré, par surcroît, à qui accepte de lui services, conseils et affection. Mais l'affection est, de sa nature, contagieuse, et ce fut une des jouissances les plus vives de Michel, vers la fin de sa courte vie, de se sentir entouré d'une clientèle de jeunes hommes dont l'esprit relevait du sien, mais avec lesquels il avait noué d'autres liens que ceux de la seule pensée. Il s'occupe de leurs intérêts, de leurs travaux, il s'intéresse, non du bout de la plume, mais pour de bon, à leurs opinions en toutes choses, à leurs sentiments les plus intimes. Il est indiscret, mais d'une indiscrétion désirée, sollicitée et qui est la bienvenue. « Auprès de qui, écrit l'un de ces disciples au lendemain de sa mort, auprès de qui irons-nous chaque année, au retour des congés, faire notre examen de conscience et reprendre confiance en nous-mêmes ? » Quelle oraison funèbre pour un maître tient dans ces deux lignes !

Avec ses égaux en âge ce fut pareillement Michel qui, le plus souvent, fit les premiers pas de l'amitié. Cela tient, pour une part, à ce qu'il avait une gravité précoce, et, malgré lui, presque intimidante. On se respectait devant lui, comme on le respectait, mais aussi on gardait quelque distance. En revanche, on ne se méprenait pas sur des avances que sa courtoisie un peu froide ne prodiguait pas ; on se sentait choisi, et dans l'amitié qu'on avait pour lui il y avait d'abord de la reconnaissance pour celle qu'il vous témoignait ; on sentait aussi que les relations avec lui n'auraient pas le caractère superficiel qu'elles ont souvent entre jeunes gens ; on sentait qu'on s'engageait. Renan a dit que l'amitié est un larcin fait à des sentiments plus larges et qui ne choisissent pas leur objet. Cela fut vrai de Michel. L'amitié fit tort chez lui d'abord à la camaraderie. Dans la suite, il apprit de la vie la valeur morale et sociale des liens, même qui ne sont pas des liens d'amitié, et se fit plus cordial avec tous et plus semblable à tous. Simplicité voulue en ceci et en bien d'autres choses, et qui fut un de ces progrès, que nous avons notés ailleurs, d'une nature qui ne cessa jamais de se surveiller et de se gouverner.

L'élargissement de sa cordialité et de ses relations ne nuisit pas d'ailleurs aux amitiés plus étroites. Et, pour celles-ci, comme il se mettait en frais ! Dans une de ces confidences faites au papier qui était devant lui, comme une main pieuse en a retrouvé beaucoup dans ses notes, et qui témoignent encore d'une continuelle observation de soi-même, il se reprochait de n'être pas assez franc avec ses amis, dans son désir de leur paraître meilleur, délicat scrupule qui nous fait pressentir quel *Traité de l'Amitié* il eût pu écrire. Rendre des services à ses amis fut, à la lettre, une des occupations de sa vie. Pour faire un plaisir, il n'est pas de dérangement qu'il ne s'impose, et, par exemple, pour ces menues attentions où il déploie une faculté charmante d'invention. Pourvu qu'on ait foi en lui, et qu'on soit un peu à lui, il croit tout devoir en échange. De même, quand il invite, c'est lui l'obligé ; et il est reconnaissant envers ceux qui se laissent fêter et choyer par lui. Comment ne pas parler, en effet, de cet art exquis de recevoir, qui tient presque tout entier dans la joie sincère qu'il éprouve et qu'il manifeste à se sentir entouré d'amis et à leur ouvrir son foyer ? Michel fut un enfant gâté des affections humaines. Mais jamais bonheur ne fut moins égoïste ; il avait le don de faire du bonheur pour les autres avec son bonheur à lui, et d'étendre sur ses amis le rayonnement des tendresses dont il vécut enveloppé. Peu de haltes dans la vie sont aussi réconfortantes que celles qu'offrait au visiteur cet hospitalier cabinet de travail où l'on respirait l'air fait de ses pensées et de ses sentiments familiers. Il fut un causeur exquis, mais d'intimité ; un salon attentif le faisait se replier sur lui-même ; il n'y avait pas de milieu pour lui entre une leçon, où il apportait sa pensée méditée, et la causerie sans apprêt. Il aimait surtout les longues conversations avec un seul, et de préférence au cours d'une promenade ou d'un voyage fait en commun. Comme on revivait ensemble alors tout le temps pendant lequel on avait été séparé ! Que d'opinions confrontées, quelle mise au point des accords et des divergences ! Car jamais amitié ne fut plus tolérante pour les dissentiments d'idées, et les photographies dont Michel s'entourait comme d'un cercle toujours présent d'amis représentaient un vrai congrès de religions et de doctrines. Il ne serait peut-être pas difficile de trouver chez tous ces amis si différents quelques traits communs par où ils avaient mérité la même amitié. Il reste vrai de dire cependant que Michel, sauf quelques répugnances invincibles, aimait jusqu'aux idées qu'il ne partageait pas.

Mais ce qu'il aimait plus que les idées, c'était les hommes et, dans les hommes, leur vie sentimentale, morale, qu'il pénétrait, qu'il faisait sienne par un don de sympathie qui fut rarement poussé au même degré, confident actif qui vous aidait à vous mieux connaître et qui s'empressait surtout là où il trouvait un trouble à dissiper, une blessure à panser. Dans ses lettres, qu'il ne marchande pas, il parle aussi de préférence de ce qui intéresse au plus profond de l'âme chacun de ses correspondants. On avait pensé en publier quelques-unes, car il écrivit des lettres comme on n'en écrit plus. Et de quelques-unes, qui commentaient un événement du jour, je me rappelle que des amis communs se les montraient, comme on raconte que l'on se passait de main en main les lettres d'autrefois. Mais les lettres de Michel étaient le plus souvent la continuation de conversations si intimes qu'un seul pouvait les lire et que le public n'en lira jamais rien.

Qui n'a pas connu, dans le deuil, les caresses de cette amitié ne sait pas tout ce dont elle était capable. Michel n'essayait pas de consoler ; il savait trop que c'est peine perdue. Mais sa sensibilité aiguë lui faisait pressentir les petites impressions qui irritent la douleur, et c'est cela qu'il s'ingéniait à vous épargner. Pour y réussir, il ne comptait ni son temps ni sa peine. Devant ces obligations du cœur, qu'il se créait, toutes les autres s'inclinaient. Un de ses amis, durement éprouvé, a un long voyage à faire, à faire seul. Michel prévoit que la solitude oisive de ce voyage ne sera peuplée que de tristesse. Et l'ami trouva Michel installé dans le train. Il ne songea même pas à s'en étonner. Il avait même deviné qu'il en serait ainsi. De Michel, cela semblait naturel.

Un ami qui aima ainsi ses amis devait songer à eux au moment d'adieux auxquels ils n'assistaient pas. Michel voulut que ses amis eussent une place sur la lettre de faire part que stoïquement il dictait, en témoignage de celle que l'amitié tint dans sa vie.

Le public, auquel il a beaucoup donné par la plume et la parole n'a donc pas eu tout ce qu'il y avait de meilleur en lui. Et on comprend maintenant qu'un portrait de Michel eût été incomplet, qui se fût borné aux manifestations de sa vie de professeur et d'écrivain. Sa destinée fut brillante ; il fut cependant supérieur à sa destinée. Et il faudra plus tard un critique subtil pour découvrir, au travers de ses écrits, tout l'homme que ses amis connurent.

R. Thamin.

HENRY MICHEL

L'IDÉE DE L'ÉTAT, QUESTIONS D'ENSEIGNEMENT ET LOI FALLOUX

Il y a quelques mois, les amis d'Henry Michel faisaient paraître une troisième série de *Propos de Morale*, recueil d'un certain nombre de ces articles du *Temps*, où il laissait couler de sa plume délicate et féconde, de si aimables et de si sages réflexions, au fil des événements ou des livres du jour.

Ils nous donnent aujourd'hui, par les soins de M. Sébastien Charléty, un livre de plus haute envergure : *La loi Falloux* qui avec l'*Idée de l'État*, publiée il y a dix ans, demeurera l'œuvre maîtresse du maître éminent dont l'Université déplore la mort prématurée.

Henry Michel, par la tournure de son esprit, comme par ses qualités d'âme, était avant tout un moraliste. Les événements, les circonstances mêmes de sa vie, l'avaient tourné vers la politique et l'avaient amené à appliquer aux contingences de l'histoire sa haute valeur philosophique. Philosophe, il l'était à coup sûr dans l'*Idée de l'État*, mais historien, tout autant. Au surplus, l'histoire des idées n'est-elle pas la branche principale de la science historique, et dans l'histoire des idées, celle qui se consacre aux théories politiques et sociales, n'est-elle pas susceptible de donner la loi même des faits, leur enchaînement philosophique? S'il est une vérité admirablement mise en lumière par Henry Michel, c'est assurément celle-ci : qu'il y a un lien nécessaire entre les solutions politiques et sociales adoptées par un peuple, — c'est-à-dire entre l'histoire de ce peuple, — et ses conceptions philosophiques. En réalité, il n'y a point de système social qui ne tienne à un système métaphysique. L'histoire, d'autre part, réagit sur la formation des idées et des doctrines. Ces deux conceptions des droits de l'État et de l'individu, fondées ellesmêmes sur deux conceptions de la liberté, dont Henry Michel a retracé le long duel à travers les âges, ne s'incarnent-elles pas dans deux systèmes historiques : le système antique et païen, le système germanique et chrétien? Qu'est-ce que l'État dans les sociétés germano-chrétiennes du moyen âge, sinon le protecteur de tous les droits de l'individu? Chaque individu a son droit, chaque groupe d'individus a le sien ; l'État n'a pas de droit primordial, il n'est que le gardien des droits de tous. L'individualisme repose sur le droit de la conscience et le caractère sacré de la personne humaine. Kant a donné l'expression philosophique de ce qui était depuis des siècles l'idée germanique de l'État et de la liberté, fortifiée et exagérée par l'individualisme outrancier de la Réforme protestante.

Dans ce livre sur l'État, Henry Michel ne se montrait pas atteint de ce qu'il appelle à bon droit *la superstition historique* ; il ne croyait pas qu'il soit interdit à une nation de se proposer une sorte d'idéal moral, idéal de justice, qu'elle cherche à réaliser dans ses institutions. Si la Révolution française est à blâmer, c'est pour avoir poursuivi un idéal faux, mais non pour avoir poursuivi un idéal. Entre toutes les illusions, l'illusion empirique n'est pas la moins dangereuse : il est bon de se proposer telle fin et c'est uniquement dans le choix des moyens que l'expérience tient le rôle principal.

Historien, Henry Michel l'était donc et dans toute la force du terme, dans ce bel exposé qu'il avait su faire des théories sociales et politiques qui se sont succédé en France depuis la Révolution. Dieu sait si elles sont nombreuses! On demeure confondu de la féconde imagination comme de la raison subtile des penseurs du XIXe siècle. L'on ne peut se défendre d'admirer l'écrivain qui a eu le courage de les lire tous, avec une conscience méticuleuse et une scrupuleuse bonne foi. Point de ces vagues analyses, de ces résumés superficiels, entrecoupés de réflexions humoristiques et de spirituels portraits, si aisés à faire en fin de compte; mais la substance même de chaque œuvre, en quelques pages condensées et fortement écrites. Analyser ainsi, c'est penser à nouveau tous les systèmes et les penser en philosophe et en historien. Philosophe et historien, sociologue et politique, Henry Michel l'était encore dans les conclusions de ce grand ouvrage. Il se déclarait individualiste, mais non pas à la façon étroite et mesquine des libéraux et des économistes dits orthodoxes; tout ne se résumait pas pour lui en une stérile antithèse entre l'individu et l'État. L'État, selon lui, devait exercer une influence pour favoriser l'accroissement du nombre des personnes morales en pleine possession de tous leurs moyens d'action et de tous leurs droits. « L'État, écrivait-il, ne se désintéresse ni de la destinée morale, ni de la condition matérielle de ses membres, mais quand il travaille à améliorer l'une et à élever l'autre, il subordonne constamment son action au droit des individus. Ainsi parmi les appels adressés à l'État, le nouvel individualisme rejette tous ceux qui partent d'une confiance mystique dans la personne « État », tous ceux qui tendent plus ou moins directement, à restaurer l'antique conception d'un État maître de tous les citoyens, et possédant, parce qu'il est l'État, des droits sur eux. Ces appels sont à rejeter parce qu'ils sacrifient la dignité de la personne humaine, ravalée du rang de fin en soi à celui de moyen subordonné à une fin. »

Les interventions de l'État que nous regardons comme nécessaires, disait encore Henry Michel, — et peut-être avait-il tort d'exclure implicitement une sorte de charité supérieure, — ont leur principe dans la seule idée de justice et dans le sentiment qu'elle excite au cœur de l'homme. Ce n'est pas, à nos yeux, l'ordre extérieur et apparent qui souffre, quand, faute d'une action opportune de l'État, d'énormes déperditions économiques ou de graves iniquités sociales se produisent. L'ordre de la moralité, ordre invisible, tout intérieur, mais sacré, se trouve blessé.

En quoi cependant consistait pour Henry Michel cette justice, cette conception meilleure de la justice, en quête de laquelle il voyait la conscience humaine? Après bien des éliminations, il s'arrêtait à cette formule : « La justice résidera dans la volonté d'assurer, et dans l'effort pour assurer aux personnes morales la jouissance effective des droits qui leur auront été préalablement reconnus, et qu'il est possible de ramener à deux : le droit de vivre avec celui de s'élever par la culture. »

Henry Michel n'était pas homme à séparer la pratique de la théorie. Auteur de cette formule, « le droit de vivre avec celui de s'élever par la culture », il travailla, dans la mesure de ses forces à la faire passer dans la réalité. De là l'attention passionnée qu'il apporta aux questions d'assistance et d'enseignement. De bons rapports, des articles nourris et éloquents, une utile brochure sur les œuvres d'assistance et de charité, — sans compter d'innombrables services personnels, — redisent assez haut la part que la première de ces deux préoccupations tint dans sa vie. Quant à la seconde, il y a consacré tout un volume sous ce titre *Notes sur l'enseignement secondaire*, paru à cette heure d'espérance où nous comptions encore, les uns et les autres, voir aboutir à quelque chose de bon, de large et de libéral, la grande enquête conduite, avec tant d'intelligence, par M. Ribot. Le livre d'Henry Michel abondait en idées sages et justes ; il posait, sans le résoudre absolument, le grand problème de la place que doit tenir l'enseignement secondaire dans une démocratie. On y relevait cette idée parfaitement vraie que le collège ne peut pas être l'imitation de la vie réelle et qu'il doit demeurer l'initiation à une vie supérieure. Il y dénonçait la pléthore des programmes ; enfin il y émettait des considérations qui valent la peine d'être méditées sur la création d'un enseignement classique français, fort différent de l'enseignement moderne, troisième type de l'enseignement secondaire.

De ces études, Henry Michel devait naturellement incliner vers l'examen de la loi Falloux, surtout au moment où elle devenait l'objet de si violentes discussions. On peut dire que tout l'incitait à aborder ce grand sujet et qu'il était, autant qu'homme du monde, désigné pour le traiter. A la préparation générale que lui avaient donnée ses travaux sur *l'État* et sur *l'enseignement secondaire,* s'était jointe la préparation plus spéciale qu'il devait à ses leçons de Sorbonne. Depuis plusieurs années, il les consacrait à l'époque de Louis-Philippe et de la Révolution de 1848. Elles supposaient une lecture immense, et je ne crois pas que rien ait échappé à Henry Michel de tout ce qui pourrait servir à retracer l'histoire des idées de 1830 à 1850. Nous souhaitons ardemment que quelques-unes de ces leçons au moins puissent voir le jour, car nous les savons singulièrement nourries et personnelles. Le philosophe avait de plus en plus évolué vers l'histoire et il y faisait preuve d'une grande sûreté de méthode, d'un souci scrupuleux d'examiner les textes et de les replacer dans leur milieu.

Pour ce livre sur la *Loi Falloux,* il avait consulté un assez grand nombre de documents inédits : le *Procès-verbal de la Commission parlementaire,* nommée le 5 juillet 1848 pour étudier le projet Carnot, le *Procès-verbal du Comité d'Instruction publique de la Constituante,* le *Procès-verbal du Comité de Constitution,* le *Procès-verbal des séances consacrées par le Conseil d'État à l'examen du projet Falloux;* documents empruntés aux Archives de la Chambre des Députés; les *Projets de loi sur l'enseignement primaire et sur l'instruction secondaire,* rédigés par la Commission extra-parlementaire, nommée par M. de Falloux, les *lettres des évêques et des consistoires* adressées aux ministres de l'Instruction publique Falloux et Parieu, les *Vœux des conseils généraux,* documents conservés aux Archives nationales; enfin les *notes inédites* de *M. Dubois* sur les débats de la commission extraparlementaire.

L'auteur s'était en outre livré à une exploration fort ample des brochures de combat et des journaux de 1848-1850. Il avait enfin tiré parti des biographies récentes des grands acteurs catholiques de cette lutte, et des extraits de mémoires et de journaux intimes qu'elles contiennent.

Tout cela a permis à Henry Michel de renouveler sur bien des points l'histoire de la loi Falloux et de mettre tout à fait en lumière le rôle de certains personnages, de M. Thiers, par exemple, qui est autant que M. de Falloux, *le père* de la loi, et du comte Beugnot.

Henry Michel se montre fort dur pour la personne de M. de Falloux et réserve toutes ses tendresses pour le projet de Carnot sur la liberté d'enseignement. L'étude qu'il fait de ce projet compte parmi les meilleures de l'ouvrage. Celles des diverses manifestations de l'opinion publique, des causes de la démission de M. de Falloux, du renvoi du projet de loi au Conseil d'État sont conduites avec une minutieuse précision; dans l'histoire du débat public, c'est-à-dire de l'épisode jusqu'à présent le plus connu, qui remplit le quatrième livre, Henry Michel rectifie plusieurs erreurs et relève plusieurs traits importants et ignorés. Il donne dans leur ensemble tous les arguments essentiels d'une part des partisans et de l'autre des adversaires de la loi. C'est là que l'auteur insiste sur l'idée aujourd'hui chère à beaucoup de gens que la loi de 1850 a coupé la France en deux, comme si le vote même de cette loi ne prouvait pas que la scission était déjà faite. En réalité, la France est coupée en deux depuis la Révolution. M. Michel montre en finissant, et grâce à des textes probants, qu'au début la loi votée le 15 mars 1850 n'a été bien comprise ni par la droite, ni par la gauche.

Henry Michel avait le souci d'être juste, car c'était dans toute la force du terme une âme élevée et sincère. Prêtre catholique et représentant de cet enseignement libre si rigoureusement frappé depuis quelques années, je croirais manquer à mon devoir et même à cette loyauté d'opinions dont notre amitié ne s'était pas, en vingt-sept années, départie un seul jour, si je ne disais cependant que certaines choses m'ont peiné dans le dernier livre d'Henry Michel. Déjà dans les *Notes sur l'enseignement secondaire,* certaines vues n'étaient pas exemptes d'esprit de parti : dans la préface, à maintes reprises, perçait une tendance qui ne se manifestait pas dans les articles plus vieux de dix ou quinze ans : à savoir la préoccupation de ne pas faire ce que font les congrégations, et même celle d'achever la destruction de ce qui restait d'idéal chrétien dans l'enseignement public. On nous invitait, — tout en semant la page de points d'interrogation, — à demander exclusivement les directions de vie à la civilisation, à la science, à la raison. On se demandait si l'enseignement ne devait pas se donner pour but de faire des hommes très différents de leurs devanciers. On reprochait à la société « cette défaillance morale qui a laissé glisser entre ses doigts par mégarde, par insouciance, ou parce que le geste de les serrer lui a semblé dépourvu de grâce, quelques-uns des résultats conquis dans cette série de crises émancipatrices, qui commence avec la

Renaissance, se continue par la Réforme et aboutit aux Révolutions d'Amérique et de France. » Quand on songe aux conséquences pratiques que les hommes d'État et les politiciens tiraient en 1902 et tirent encore de telles idées émises par les penseurs et les écrivains, on ne peut se défendre d'une certaine tristesse. Évidemment les événements des dernières années et les luttes si pénibles qui ont mis aux prises diverses tendances de la conscience nationale avaient agi sur Henry Michel et avaient fait pencher son esprit vers une conception de la liberté d'enseignement et du rôle de l'État bien éloignée de la nôtre et de celle qui jadis avait été la sienne. Henry Michel est assurément plus calme et plus soucieux d'une entière impartialité dans cette histoire de la loi Falloux qui n'est pas comme le précédent volume un recueil d'articles ; mais il parle en adversaire constant et déterminé de cette loi ; son langage, parfois un peu âpre et ironique, est souvent douloureux pour les catholiques et pour les partisans de ce que nous appelons la vraie liberté d'enseignement, celle qui n'est pas l'apanage exclusif des hommes qui se qualifient de libéraux. Peut-être Henry Michel aurait-il adouci quelques traits, atténué certains jugements, si la mort lui avait permis de mettre lui-même la dernière main à son ouvrage. Hélas ! elle l'a enlevé à l'heure même où il se réjouissait d'entrevoir le terme de ce travail, et où il pouvait espérer tirer des notes qu'il avait accumulées sur la révolution de 1848 et ses causes une nouvelle série d'études qui eussent été d'un grand prix.

Il ne lui a pas même été accordé d'écrire la conclusion dernière de ce livre qui s'achève hélas ! sur une ligne de points de suspension. Mais, bien qu'inachevée, cette œuvre demeure un monument important et nul ne pourra désormais parler avec compétence de la loi Falloux sans avoir étudié avec soin le livre posthume d'Henry Michel.

Ni ce livre, ni les autres qu'il a écrits, de quelque talent qu'il y ait fait preuve, ne diront à ceux qui ne l'ont pas connu tout ce qu'il fut. Seules ses lettres, échos de ses conversations pleines de charme et d'abandon, riches en aperçus, pourraient donner l'idée de cette âme si noble, de ce cœur si tendre, de cet esprit si ouvert et si élevé ; qui les lirait comprendrait sans peine comment Henry Michel a pu grouper autour de lui des amis d'opinions et de croyances si diverses, aujourd'hui unis dans leurs souvenirs et dans leurs regrets, comme ils le furent naguère dans leur commune affection.

Alfred BAUDRILLART.

QUELQUES SOUVENIRS

I

Un scrupule de fausse délicatesse m'empêcherait seul de joindre quelques pages à celles que les intimes de Henry Michel lui ont consacrées ; mais si l'on admet qu'un frère — le nom n'a rien d'outré — peut dire sur son frère mort autre chose que ce que les cœurs d'amis ou d'élèves chéris ont comme laissé échapper dans leur détresse ; si l'on admet surtout notre commun besoin de ne céder à l'oubli aucun des traits essentiels d'une physionomie complexe, on ne me saura pas mauvais gré d'apporter — en essayant de ne pas faire double emploi — ma contribution au portrait.

La délicieuse franchise, qui était la loi de nos rapports mutuels, datait sans nul doute de nos premières années, et une petite avance d'âge — il avait presque trois ans de plus que moi — jointe à la supériorité de son esprit et bientôt à celle de son talent, à quoi j'ajouterai un goût de direction, chez lui très précoce, n'a jamais compromis, en ce qui me concerne, le respect de l'indépendance d'autrui, qu'il avait naturellement, que surtout il retrouvait toujours au moment précis où il eût pu craindre d'aller trop loin dans son propre sens : de là ce mélange si savoureux de volonté ferme, agissante, éprise d'action, et de recul scrupuleux, presque craintif et spirituellement confus devant les résistances d'une individualité, si modeste qu'elle fût. Avec lui, — et cela a commencé de très bonne heure — on se sentait à la fois un peu petit garçon, mais plus disposé à devenir son maître, et plus capable de le devenir : il avait la forme féconde de l'autorité, celle qui développe la liberté. Quelques-unes de nos discussions, ou mieux de nos discords de jeunesse, m'ont laissé à cet égard un souvenir vif et reconnaissant : il aimait fort, le jeudi, le dimanche — il pouvait avoir de quinze à dix-sept ans — à aller « bouquiner » sur les quais ; nous habitions la même maison, nous allions au même lycée, nous travaillions parfois dans la même chambre, nous servant des mêmes livres : il était tout naturel qu'il m'entraînât, même malgré moi, à sa distraction favorite : mais avec quelle grâce il me faisait violence ! comme je le sentais bon, plein d'égards pour la forme intérieure de mon caractère, s'amusant de ma résistance, toujours amicale, et m'en amusant, allant jusqu'au bout de sa fantaisie, et jusqu'à la limite de ses privilèges d'enfant gâté, mais avec ce fonds inaltérable de délicatesse, qui ménage toujours les points sensibles et essentiels, et cette richesse, rare chez un si jeune homme, de ressorts moraux, qui rend le désaccord utile, et assure à celui qui cède la compensation d'un gain intérieur appréciable... Je n'éprouve même pas le besoin de m'excuser d'un souvenir aussi menu auprès de ceux qui ont bien connu, bien pratiqué Henry : ils y trouveront, si je ne me trompe, la réduction et l'annonce de toute l'attitude de l'ami et du maître disparu, dans les conversations les plus personnelles, comme dans les discussions les plus générales et les plus relevées : la douceur dans la force, un besoin de direction, mais pleinement intelligente, ces retours de câlinerie si séduisants et si efficaces, quand ils succèdent à l'énergie de la conviction et à la vigueur des preuves.

II

Ceux qui ne l'ont vu que de loin, à de longs intervalles, ou pour des motifs précis et sérieux, ont pu insister sur sa gravité : quant à nous, nous avons connu, aimé sa gaîté, nous nous en sommes bien souvent sentis imprégnés et baignés. Combien de fois, le soir, après avoir passé quelques heures chez lui, surtout en petit comité, sommes-nous rentrés, non seulement de bonne humeur, mais joyeux au fond de notre être, et comme intimement rafraîchis et allégés !... C'est tout d'abord que, travaillant et réfléchissant beaucoup, il aimait la détente, la créait et en jouissait : la détente sous toutes ses formes, enfantillages, taquineries, propos volontairement appuyés sur des sujets qui, franchement, ne lui tenaient au cœur que dans la mesure où il sentait le comique de cette insistance, et s'en donnait à lui-même une sorte de divertissement à demi parodique : sans citer d'exemples particuliers, je dirai seulement que, dans ces cas, le prendre absolument au mot était d'une lourdeur dont il s'amusait tout le premier. De même, cet esprit si fin, cette intelligence si pénétrante et si mesurée faisait, dans la liberté des conversations familières, une part, une large part à l'exagération, voire même à la charge : il est arrivé plus d'une fois à un ami peu intime, introduit chez lui dans une réunion tout à fait sans façon, de s'étonner, de s'ébahir devant un Henry Michel tout nouveau, nouveau pour lui, s'entend : car nous, les vieux amis, nous connaissions de longue date le plaisir qu'il prenait à ressasser la plaisanterie, ne lâchant le morceau, que quand on refusait de se mettre à l'unisson et qu'on paraissait prendre au grand sérieux ce qui toujours pour lui impliquait une bonne dose de mystification :

alors, mais alors seulement, il consentait à ménager la « victime » non sans juger plus spirituelle et sans apprécier davantage celle qui bénévolement entrait jusqu'au bout dans son jeu, et l'animait même en renvoyant la balle. Besoin de détente, je l'ai dit, à l'origine et à la base de ces bonnes gaîtés; preuve qu'il se trouvait en confiance — car dans d'autres cas il lui arrivait de desserrer à peine les lèvres — ; mais cette gaîté, je le crois, venait chez lui de plus loin : sérieux et amusé, convaincu et sceptique, bien peu de questions — en dehors de celles qu'il traitait dans son cabinet, ou la plume à la main, ou de celles qui touchaient au plus profond de sa conscience, — lui semblaient entièrement graves : il avait toujours ou presque toujours au bout des doigts le « granum salis ». Ce n'est pas pour rien qu'il a écrit sur Renan, après sa mort, et lors d'un discours académique[1] dont le moins que l'on puisse dire est que le successeur de ce roi des nuances parut prendre à tâche de respecter la loi des contrastes, quelques lignes si compréhensives, si vibrantes, qui décelèrent, à l'étonnement de plusieurs, quelqu'un de la famille : mais là encore nous ne fûmes pas surpris, nous qui, dès longtemps, connaissant cette nature riche, diverse, avions appris que l'ardeur des convictions n'y était pas exclusive de l'ironie la plus poussée, ni la chaleur des sentiments de la plaisanterie la plus taquine, ni la vision la plus sévère de la mise au point la plus familière et presque la plus comique...

III

Croyait-il la mort si proche? Craignait-il tout du mal dont il se savait atteint, et quelle place tenait cette crainte

1. Le discours prononcé par Challemel-Lacour, successeur de Renan à l'Académie française.

dans sa pensée journalière ? En était-il hanté ? — Beaucoup de passages de lettres écrites par lui dans les dernières années, un certain nombre de propos entendus, inclineraient des amis, qui l'ont bien connu, à se figurer un Henry Michel traînant depuis longtemps avec lui de sombres pressentiments, dont un stoïcisme tantôt amer, tantôt léger ou même plaisant refoulait plus ou moins imparfaitement les poussées angoissantes. Je dirai franchement que je ne puis me représenter mon cher Henry dans un état d'esprit trop peu complexe pour être vrai : comme d'autres, j'ai reçu de lui des lignes dont voici la substance : « si je croyais le quart de ce que me dit ou de ce que me laisse entendre tel médecin, ce serait à renoncer à tout et à désespérer »... Mais justement, à propos de médecine comme de bien d'autres choses, il était un mélange curieux de foi, toujours très relative, et de scepticisme, même personnel et agressif ; l'art de guérir lui paraissant, et pour cause, extrêmement loin du but, restaient les médecins, auxquels il reconnaissait souvent certes de la science, de la finesse, de la perspicacité, mais dont la psychologie et la logique lui semblaient toujours hésitantes ou un peu débiles, comparées aux ressources variées de sa psychologie propre, raffinée encore par le contact permanent et l'analyse indéfinie quand il s'agissait de lui-même : d'un mot, il admettait bien que les docteurs connussent mieux les maladies ; mais il avait la prétention de se connaître beaucoup mieux lui-même, dans ce moi compliqué, dont la physiologie n'était qu'un aspect : de la sorte, le médecin, avec lui et pour lui, demeurait toujours — je m'excuse du terme — comme en état d'infériorité, et les pronostics médicaux n'émouvaient qu'à demi un homme qui ne se sentait jamais dominé, ni pénétré à fond par eux. Si, d'habitude, il eût beaucoup souffert physiquement ; si sa vie de travail eût été dès longtemps profondément modifiée, le point de vue, je le crois, eût changé aussi : mais, malgré tant de moments de fatigue, nous savons comme il fut en état de travailler jusqu'aux dernières semaines ; nous savons comme, de tout temps, le moindre déplacement le rafraîchissait, le renouvelait, et qu'il n'exagérait qu'à peine en disant : « il n'y a point de lassitude qui ne s'atténue pour moi, sitôt installé en wagon, et qui bientôt ne disparaisse ». Moitié allégresse physique — j'emploie à dessein le mot à propos d'Henry — moitié supériorité intellectuelle, le faisant à demi intangible, — et je n'ai rien dit des sources profondes d'énergie en quelque manière religieuse, dont les dernières lignes qu'il ait écrites nous ont laissé un témoignage si beau, simple et complet — il cheminait presque tranquille de besogne en besogne, de devoir en devoir : le livre qu'il avait entrepris, qu'il a, malgré tout, achevé, a contribué par le travail fécond, joyeux qu'il lui imposa, à le maintenir « en pleine vie », non sans quelque surexcitation même, émotion d'auteur et sans doute aussi de malade inquiet de l'aboutissement : et, par là, c'est bien un vivant, à l'énergie d'esprit et d'âme complète et même augmentée, que la mort, brusquement, a retranché d'entre nous : c'est une image de vitalité qu'il nous faut garder de lui, et nous manquerions, je pense, à la vérité comme à sa mémoire, si nous laissions envelopper en nous d'une sorte de crêpe funèbre une figure que la mort avait certes avertie — et il était capable, plus que d'autres, d'entendre à demi mot — mais qu'elle n'avait pas plus environnée d'ombre, qu'elle ne l'avait fait fléchir.

Il me serait facile de multiplier les points de vue et surtout les souvenirs : à quoi bon ? Ces quelques pages sont trop personnelles, trop intimes, pour s'adresser aux simples connaissances d'Henry Michel ; et quant aux vrais amis, de tout âge, qui les liront, elles les solliciteront seulement d'aller plus au fond de leurs souvenirs propres, les plus chers, les plus savoureux : si, en chacun d'eux, elles font lever quelques aspects, particulièrement familiers, de ce naturel si ample et si prodigue de lui-même à ceux qu'il aimait, mon souhait — un souhait auquel je tiens beaucoup — sera réalisé : nous, ses amis les plus proches, nous serons moins près de laisser mourir un être, dont les moindres parcelles, sentimentales ou intellectuelles, avaient un grand prix.

Ch. SALOMON.

CHARTRES, — IMPRIMERIE DURAND, RUE FULBERT.

www.ingramcontent.com/pod-product-compliance
Ingram Content Group UK Ltd.
Pitfield, Milton Keynes, MK11 3LW, UK
UKHW021155260726
13994UKWH00001B/478

9 782329 092492